**매일 성장하는 초등 자기개발서**

완자

# 공부력

KB118852

## ⓠ 왜 공부력을 키워야 할까요?

### 쓰기력

**정확한 의사소통의 기본기이며 논리의 바탕**

연필을 잡고 종이에 쓰는 것을 괴로워한다!
맞춤법을 몰라 정확한 쓰기를 못한다!
말은 잘하지만 조리 있게 쓰는 것이 어렵다!
그래서 글쓰기의 기본 규칙을 정확히 알고
써야 공부 능력이 향상됩니다.

### 어휘력

**교과 내용 이해와 독해력의 기본 바탕**

어휘를 몰라서 수학 문제를 못 푼다!
어휘를 몰라서 사회, 과학 내용 이해가 안 된다!
어휘를 몰라서 수업 내용을 따라가기 어렵다!
그래서 교과 내용 이해의 기본 바탕을
다지기 위해 어휘 학습을 해야 합니다.

### 독해력

**모든 교과 실력 향상의 기본 바탕**

글을 읽었지만 무슨 내용인지 모른다!
글을 읽고 이해하는 데 시간이 오래 걸린다!
읽어서 이해하는 공부 방식을 거부하려고 한다!
그래서 통합적 사고력의 바탕인 독해 공부로
교과 실력 향상의 기본기를 닦아야 합니다.

### 계산력

**초등 수학의 핵심이자 기본 바탕**

계산 과정의 실수가 잦다!
계산을 하긴 하는데 시간이 오래 걸린다!
계산은 하는데 계산 개념을 정확히 모른다!
그래서 계산 개념을 익히고 속도와 정확성을
높이기 위한 훈련을 통해 계산력을 키워야 합니다.

세상이 변해도
배움의 즐거움은
변함없도록

시대는 빠르게 변해도
배움의 즐거움은
변함없어야 하기에

어제의 비상은
남다른 교재부터
결이 다른 콘텐츠
전에 없던 교육 플랫폼까지

변함없는 혁신으로
교육 문화 환경의 새로운 전형을
실현해왔습니다.

비상은 오늘, 다시 한번
새로운 교육 문화 환경을 실현하기 위한
또 하나의 혁신을 시작합니다.

오늘의 내가 어제의 나를 초월하고
오늘의 교육이 어제의 교육을 초월하여
배움의 즐거움을 지속하는 혁신,

바로, 메타인지학습을.

**상상을 실현하는 교육 문화 기업 비상**

**메타인지학습**
초월을 뜻하는 meta와 생각을 뜻하는 인지가 결합된 메타인지는
자신이 알고 모르는 것을 스스로 구분하고 학습계획을 세우도록 하는
궁극의 학습 능력입니다. 비상의 메타인지학습은 메타인지를 키워주어
공부를 100% 내 것으로 만들도록 합니다.

완자

# 공부력

초등 전과목
어휘 6A

# 초등 전과목 어휘
## 5-6학년군 구성
### - 5A, 5B, 6A, 6B -

**국어 교과서**

✔ **문학**

서술 | 빗대다 | 함축 | 암시 | 전형적 등

**24개 어휘 수록**

✔ **문법**

친밀감 | 단절 | 정체성 | 막론하다 | 가급적 등

**8개 어휘 수록**

✔ **읽기**

편향 | 그르다 | 선입견 | 허위 | 창의 등

**8개 어휘 수록**

✔ **말하기, 쓰기**

모색 | 구체적 | 객관적 | 호소력 | 보편화 등

**28개 어휘 수록**

**사회 교과서**

✔ **사회·문화**

과도 | 달갑다 | 은은하다 | 미개 | 성취 등

**20개 어휘 수록**

✔ **환경, 법, 정치**

처벌 | 주권 | 소수 | 선출 | 집행 등

**44개 어휘 수록**

✔ **지역, 지리**

거주 | 희박하다 | 재구성 | 매장량 | 비옥 등

**12개 어휘 수록**

✔ **역사**

축조 | 신분 | 번성 | 풍자 | 창설 등

**28개 어휘 수록**

5~6학년 교과서에 나오는 필수 어휘를
과목별 주제에 따라 배우며 실력을 키워요!

## 수학 교과서

### ✔ 수
분배 | 무수하다 | 최소한 | 나열 | 기원 등
**16개 어휘 수록**

### ✔ 도형
맞붙이다 | 불문 | 거대 | 수직 | 성립 등
**16개 어휘 수록**

### ✔ 측정, 그래프, 통계
비율 | 항목 | 구하다 | 애매 | 세밀하다 등
**12개 어휘 수록**

## 과학 교과서

### ✔ 생물, 몸
양분 | 손상 | 지탱 | 침투 | 남짓 등
**24개 어휘 수록**

### ✔ 대기, 지구, 우주
상승 | 온난화 | 관측 | 평행 | 감지 등
**16개 어휘 수록**

### ✔ 물질, 소리
부패 | 과다 | 팽창 | 동결 | 증가 등
**28개 어휘 수록**

### ✔ 에너지, 기술
과열 | 낙하 | 고갈 | 가열 | 훼손 등
**36개 어휘 수록**

# 특징과 활용법

✴ 그림과 한자로
교과서 필수 어휘를
배우고 문제를 풀며
확장하여 익혀요.

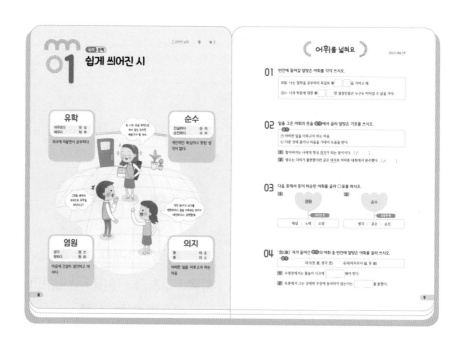

✴ 필수 어휘와 연관된
관용 표현과
문법을 배우고,
교과서 관련 글을
읽으며 어휘력을
키워요.

◆ 책으로 하루 4쪽씩 공부하며, 초등 어휘력을 키워요!

◆ 모바일앱으로 공부한 내용을 복습하고 몬스터를 잡아요!

## 공부한 내용 확인하기

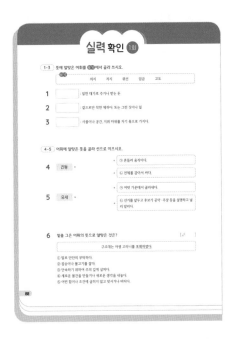

✳ 20일 동안 배운 어휘를 문제로 💡
풀어 보며 자기의 실력을 확인해요.

## 모바일앱으로 복습하기

앱 다운받기

책 인증하기

✳ 그날 배운 내용을 바로바로,
또는 주말에 모아서 복습하고,
다이아몬드 획득까지! 💎
공부가 저절로 즐거워져요!

# 차례

# 우리도 하루 4쪽 공부 습관!
# 스스로 공부하는 힘을
# 키워 볼까요?

큰 습관이
지금은 그 친구를 이끌고 있어요.
매일매일의 좋은 습관은 우리를 좋은
곳으로 이끌어 줄 거예요.

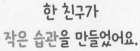

한 친구가
작은 습관을 만들었어요.

매일매일의 시간이 흘러
작은 습관은 큰 습관이 되었어요.

국어 문학

# 01 쉽게 씌어진 시

## 유학

| 머무르다 | 유 | 留 |
| 배우다 | 학 | 學 |

외국에 머물면서 공부하다.

## 순수

| 진실하다 | 순 | 純 |
| 순진하다 | 수 | 粹 |

개인적인 욕심이나 못된 생각이 없다.

응. 나는 돈을 목적으로 하지 않는 순수한 예술가가 될 거야.

그림을 배우러 외국으로 유학을 떠난다고?

멋진 화가가 되기를 염원하더니, 꿈을 이루려는 의지가 대단하구나. 응원할게.

## 염원

| 생각 | 염 | 念 |
| 원하다 | 원 | 願 |

마음에 간절히 생각하고 바라다.

## 의지

| 뜻 | 의 | 意 |
| 뜻 | 지 | 志 |

어떠한 일을 이루고자 하는 마음

**01** 빈칸에 들어갈 알맞은 어휘를 각각 쓰시오.

희철: 나는 철학을 공부하러 독일로 ❶ ☐☐ 을 가려고 해.

경수: 너의 학문에 대한 ❷ ☐☐ 한 열정만큼은 누구도 따라갈 수 없을 거야.

**02** 밑줄 그은 어휘의 뜻을 **보기**에서 골라 알맞은 기호를 쓰시오.

> **보기**
> ㉠ 어떠한 일을 이루고자 하는 마음
> ㉡ 다른 것에 몸이나 마음을 기대어 도움을 받다.

**1** 할아버지는 나에게 항상 <u>의지</u>가 되는 분이시다. [✎      ]

**2** 영수는 다리가 불편했지만 굳은 <u>의지</u>로 마라톤 대회에서 완주했다. [✎      ]

**03** 다음 표에서 뜻이 비슷한 어휘를 골라 ○표를 하시오.

**1** 염원

◀ 비슷한 뜻

체념 | 노력 | 소망

**2** 순수

◀ 비슷한 뜻

생각 | 공손 | 순진

**04** '의(意)' 자가 들어간 **보기**의 어휘 중 빈칸에 알맞은 어휘를 골라 쓰시오.

> **보기**
> 의사(뜻 意, 생각 思)      유의(머무르다 留, 뜻 意)

**1** 수영장에서는 물놀이 사고에 ☐☐☐ 해야 한다.

**2** 토론에서 그는 상대편 주장에 동의하지 않는다는 ☐☐☐ 를 밝혔다.

**05** 보기를 보고, 빈칸에 들어갈 알맞은 말을 쓰시오.

> 보기
>
> '-고자'는 어떤 행동을 할 의도나 욕망을 가지고 있음을 나타내는 말이다.
>
> 예 이루(다) + -고자 → 나는 꿈을 이루고자 유학을 갔다.

**1** 되(다) + -고자 → 나는 좋은 사람이 [          ] 한다.

**2** 공부하(다) + -고자 → 나는 [          ] 도서관에 갔다.

**3** 소개하(다) + -고자 → 내 작품을 이 자리에서 [          ] 한다.

**06** 밑줄 그은 부분과 뜻이 통하는 관용 표현으로 알맞은 것은?  [✎    ]

> 아이들은 방학이 얼마나 남았는지 간절히 생각하고 바라며 기다렸다.

① 손가락을 꼽다      ② 손가락 안에 꼽히다
③ 손가락 하나 까딱 않다      ④ 손가락으로 헤아릴 정도
⑤ 손가락 하나도 움직이지 못하다

**07** 다음 한자 성어가 밑줄 그은 부분에 들어가기에 알맞지 <u>않은</u> 것은?  [✎    ]

| 螢 | 雪 | 之 | 功 |
|---|---|---|---|
| 반딧불이 형 | 눈 설 | ~의 지 | 공 공 |

'형설지공'은 반딧불과 눈에서 나온 빛으로 공부하여 이룬 공을 뜻한다. 고생을 하면서도 의지를 갖고 부지런하고 꾸준하게 공부하여 얻은 보람을 이르는 말이다.

① _____의 태도로 밤낮으로 연구한 끝에 문제를 해결했다.
② _____의 노력으로 전국 수학 경시 대회에서 우승을 했다.
③ _____의 마음으로 노력하면 원하는 학과에 갈 수 있을 것이다.
④ 그는 하는 일 없이 _____의 자세로 하루 종일 집에서 뒹굴었다.
⑤ 그는 직장에 다니면서도 _____으로 공부하여 대학교를 졸업했다.

08~10  다음 글을 읽고, 물음에 답하시오.   국어 문학

일제 강점기는 일본에게 강제로 나라를 빼앗기고, 우리 민족이 고통받던 시기였다. 시인 윤동주는 이 시기에 일본에서 유학을 하며 자신의 모습을 되돌아보는 시를 많이 썼다. 그는 일제의 지배를 받는 어두운 시대 상황 속에서도 순수하게 살아가고자 하는 의지를 시에 드러냈다. 다음은 윤동주가 쓴 「쉽게 씌어진 시」의 일부이다.

인생은 살기 어렵다는데 / 시가 이렇게 쉽게 씌어지는 것은 / 부끄러운 일이다. //
*육첩방은 남의 나라 / 창밖에 밤비가 속살거리는데, //
등불을 밝혀 ㉠어둠을 조금 내몰고, / 시대처럼 올 아침을 기다리는 최후의 나,

이 시에서 윤동주는 식민지 현실에서 시를 쓰는 일에 부끄러움을 느끼면서도 언젠가는 조국 광복의 날을 맞이할 것이라 확신하고 있다. '등불'을 밝혀 일제 강점기의 '어둠'을 내몰고 새로운 시대인 '아침'을 기다리겠다는 표현에서 조국의 독립을 염원하는 마음을 엿볼 수 있다.

* 육첩방: 일본식 돗자리가 6개 깔린 방

**08** 이 글의 핵심 내용을 파악하여 빈칸에 들어갈 알맞은 말을 쓰시오.

{ ┌─────────────┐ 의 시에 나타난 특징 }
  └─────────────┘

**09** 윤동주에 대한 설명으로 알맞지 <u>않은</u> 것은?   [✎    ]

① 일제 강점기를 살았다.
② 일본에서 유학을 했다.
③ 시를 쓰는 일을 자랑스러워했다.
④ 자신의 모습을 되돌아보는 시를 많이 썼다.
⑤ 순수하게 살아가려는 의지를 시로 표현했다.

**10** ㉠이 뜻하는 내용으로 알맞은 것은?   [✎    ]

① 일제의 지배를 받는 현실     ② 외국 유학 생활의 외로움
③ 가난한 생활에 대한 막막함   ④ 끝이 없는 학문에 대한 두려움
⑤ 재능을 인정받지 못하는 안타까움

# 환경을 생각한 자동차

## 유발

| 꾀다 | 유 誘 |
| 일어나다 | 발 發 |

어떤 것이 다른 일을 일어나
게 하다.

## 제기

| 내놓다 | 제 提 |
| 일으키다 | 기 起 |

의견이나 문제를 내놓다.

소시지, 햄과 같은
가공육이 암을 유발할 수
있다는 문제가
제기되었습니다.

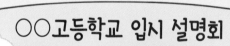

우리 학교는
훌륭한 기술자를
길러 냅니다.

음식물 쓰레기
배출 기기를 개발한
사람이 우리 학교
졸업자예요.

## 배출

| 밀어내다 | 배 排 |
| 내놓다 | 출 出 |

안에서 밖으로 밀어 내보내
다.

## 개발

| 열다 | 개 開 |
| 나타나다 | 발 發 |

새로운 물건을 만들거나 새
로운 생각을 내놓다.

## 01 밑줄 그은 내용과 바꾸어 쓸 수 있는 어휘를 빈칸에 쓰시오.

**1** 우리 회사는 태양 에너지를 이용한 기술을 <u>새롭게 만들었다</u>.

↳ ☐☐ 했다

**2** 선생님이 결정한 일에 대해 <u>다른 의견을 내놓은</u> 학생은 없었다.

↳ ☐☐ 한

## 02 밑줄 그은 어휘와 뜻이 비슷한 어휘를 골라 ✓표를 하시오.

소설가는 독자의 호기심을 <u>유발하기</u> 위해 독특한 제목을 생각해 냈다.

☐ 뽑아내기　　☐ 일으키기　　☐ 찾아내기　　☐ 머무르기

## 03 밑줄 그은 어휘가 어떤 뜻으로 쓰였는지 알맞게 선으로 이으시오.

**1** 우리 학교는 훌륭한 인재를 많이 <u>배출했다</u>. •

• ㉠ 안에서 밖으로 밀어 내보내다.

**2** 공장에서 더러운 물을 강에 그대로 <u>배출했다</u>. •

• ㉡ 쓸 만한 사람을 교육하여 사회에 내보내다.

## 04 빈칸에 '꾀다 유(誘)' 자가 들어간 어휘를 쓰시오.

**1** 이순신 장군은 물살이 센 곳으로 왜군을 유☐ 했다.

주의나 흥미를 일으켜 꾀어내다.

**2** 나는 의사의 ☐유 로 운동하는 시간을 이전보다 늘렸다.

남에게 어떤 일을 권하여 하도록 하다.

**05** 보기를 보고, 〔 〕 안의 말 중에서 표기가 바른 어휘를 골라 ○표를 하시오.

> **보기**
>
> '돼'는 '되어'가 줄어든 형태로, '되어서'와 같이 '되어'가 들어간 말은 '돼서'로 줄여 쓸 수 있다. 그런데 '되어'가 될 수 없는 경우에는 '돼'로 적을 수 없다.

**1** 이 학원에서 많은 요리사가 〔 배출되다 / 배출돼다 〕.

**2** 하늘을 날아다니는 자동차가 〔 개발되면 / 개발돼면 〕 좋겠다.

**3** 너무 많은 의견이 〔 제기되서 / 제기돼서 〕 의견을 모으기가 어려웠다.

**06** 다음의 성우에게 속담을 활용하여 할 수 있는 말로 알맞은 것은?  〔 〕

> 성우는 학급 회의에서 나온 문제에 대해 자기 의견을 제기하지 않고 친구들의 의견을 듣고만 있다.

① 말이 씨가 된다고 하니 좋은 말만 하렴.
② 호랑이도 제 말 하면 온다고 말조심하렴.
③ 쓰다 달다 말이 없으니 네 속을 알 수 없구나.
④ 달면 삼키고 쓰면 뱉는다더니 딱 네 모습이구나.
⑤ 쓴 약이 더 좋다고 듣기 싫은 소리라도 귀담아 들으렴.

**07** 밑줄 그은 부분과 뜻이 통하는 한자 성어로 알맞은 것은?  〔 〕

> 은태: 성아는 성대모사의 달인 같아. 코미디 프로그램에 나오는 사람을 똑같이 따라 해서 늘 웃음을 유발한다니까.
> 진수: 맞아. 나는 성아가 성대모사를 할 때면 배를 안고 넘어질 정도로 크게 웃곤 해.

① 포복절도(抱腹絶倒)  ② 천인공노(天人共怒)
③ 애지중지(愛之重之)  ④ 감개무량(感慨無量)
⑤ 자포자기(自暴自棄)

**08~10** 다음 글을 읽고, 물음에 답하시오. 　　과학　기술

　자동차는 우리 생활에서 떼려야 뗄 수 없는 중요한 이동 수단이다. 자동차의 발명으로 사람들은 쉽고 빠르게 이동할 수 있게 되었고, 산업과 무역 발달에 도움을 줌으로써 우리는 윤택한 삶을 누리게 되었다. 그렇지만 자동차가 내뿜는 매연이 대기 오염을 유발한다는 문제가 꾸준히 제기되었다. 이에 대한 대안으로 화석 연료가 아닌 전기나 수소 등으로 움직이는 친환경 자동차가 개발되고 있다.

　친환경 자동차 중에서 가장 활발하게 개발 중인 것은 전기 자동차이다. 전기 자동차는 전기 배터리에서 전기 에너지를 모터에 공급하여 움직이는 차를 가리킨다. 전기 자동차는 달릴 때 대기 오염 물질을 배출하지 않으며, 일반 자동차보다 소음과 진동이 덜한 편이다. 또한 사고가 났을 때 폭발 가능성이 적다는 장점이 있다. 하지만 일반 자동차보다 구매 비용이 높고, 전기를 한 번 충전하고 운행할 수 있는 거리가 일반 자동차보다 짧으며, 전기 자동차 충전소가 많지 않다는 단점이 있다.

**08** 이 글의 핵심 내용을 파악하여 빈칸에 들어갈 알맞은 말을 쓰시오.

{ 친환경 자동차의 개발 배경과 [　　　　　] 자동차의 특징 }

**09** 친환경 자동차가 개발된 배경으로 알맞은 것은? [✎　]

① 인간의 삶이 윤택해졌다.
② 자동차가 줄어들었다.
③ 산업과 무역이 발달했다.
④ 이동 수단이 부족해졌다.
⑤ 자동차 매연이 대기 오염을 유발했다.

**10** 이 글에서 알 수 있는 전기 자동차의 장점이 아닌 것은? [✎　]

① 일반 자동차보다 소음이 적다.
② 일반 자동차보다 진동이 덜하다.
③ 일반 자동차보다 엔진이 튼튼하다.
④ 대기 오염 물질을 배출하지 않는다.
⑤ 사고가 났을 때 폭발할 가능성이 적다.

**사회** **지역**

# 일 년 내내 서늘한 기후

## 거주

| 살다 | 거 | 居 |
|------|----|----|
| 살다 | 주 | 住 |

일정한 곳에 머물러 살다.

## 온화하다

| 따뜻하다 | 온 | 溫 |
|---------|----|----|
| 부드럽다 | 화 | 和 |

날씨가 맑고 따뜻하며 바람이 부드럽다.

그래. 날씨가 온화해서 돌아다니기 좋겠구나.

제주도에 거주하는 삼촌 집에 들를 거예요?

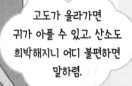

고도가 올라가면 귀가 아플 수 있고, 산소도 희박해지니 어디 불편하면 말하렴.

## 고도

| 높다 | 고 | 高 |
|------|----|----|
| 정도 | 도 | 度 |

평균 해수면(바닷물의 표면)을 기준으로 하여 측정한 물체의 높이

## 희박하다

| 묽다 | 희 | 稀 |
|------|----|----|
| 엷다 | 박 | 薄 |

기체나 액체 따위의 밀도나 농도가 낮거나 엷다.

**01** 밑줄 그은 어휘의 뜻에 맞는 말을 괄호 안에서 골라 ○표를 하시오.

**1** 비행기가 일정 <u>고도</u>를 유지하며 하늘을 날고 있다.

→ 뜻 평균 해수면을 기준으로 하여 측정한 물체의 ( 무게 │ 높이 )

**2** 고산병은 높은 산에 올라갔을 때 산소가 <u>희박</u>해지면서 나타나는 병이다.

→ 뜻 기체나 액체 따위의 밀도나 농도가 낮거나 ( 엷다 │ 진하다 ).

**02** 밑줄 그은 어휘가 어떤 뜻으로 쓰였는지 알맞게 선으로 이으시오.

**1** 우리나라의 봄은 날씨가 참 <u>온화하다</u>.

⊙ 성격, 태도 따위가 온순하고 부드럽다.

**2** 선생님께서는 <u>온화한</u> 얼굴로 우는 나를 위로해 주셨다.

⊙ 날씨가 맑고 따뜻하며 바람이 부드럽다.

**03** 밑줄 그은 어휘와 뜻이 비슷한 어휘를 골라 ✓표를 하시오.

우리 이모는 결혼 후 울릉도에서 <u>거주하고</u> 계신다.

☐ 살고   ☐ 떠돌고   ☐ 이동하고   ☐ 흔들리고

**04** 빈칸에 '높다 고 (高)' 자가 들어간 어휘를 쓰시오.

**1** 나는 동네를 내려다볼 수 있는 고☐☐ 아파트에 산다.

여러 층으로 된 것의 높은 층

**2** 도자기는 흙으로 모양을 빚은 후에 고☐☐에서 구워 만든다.

높은 온도

# 어법+표현 다져요

**05** ( ) 안의 말 중에서 표기가 바른 어휘를 골라 ○표를 하시오.

**1** 우리 가족은 강원도에서 사흘 동안 〔 머물렀다 / 머물었다 〕.

**2** 위태롭게 쌓인 물건을 〔 건드렸다가는 / 건들였다가는 〕 금세 무너질 것이다.

**3** 외국에서 한국으로 유학을 온 친구는 한국어가 〔 서툴러서 / 서툴어서 〕 고생을 하였다.

**06** 보기를 보고, 어휘를 소리 내어 읽을 때의 바른 발음을 빈칸에 쓰시오.

> **보기**
> 'ㄱ, ㄷ, ㅂ, ㅈ'은 앞이나 뒤에 오는 'ㅎ'과 만나면 '[ㅋ], [ㅌ], [ㅍ], [ㅊ]'으로 소리 난다.
>
> 희박하다 → [희바카다]

**1** 좋다 → [          ]  **2** 덥히다 → [          ]

**3** 맞히다 → [          ]  **4** 부탁하다 → [          ]

**07** 밑줄 그은 부분에 들어갈 내용으로 알맞은 것은? [ ✎        ]

| 孟 | 母 | 三 | 遷 |
|---|---|---|---|
| 맏이 맹 | 어머니 모 | 셋 삼 | 옮기다 천 |

맹자가 어렸을 때의 일이다. 맹자가 자신이 거주하는 곳 근처에서 보고 들은 것을 흉내 내자 맹자의 어머니는 아들을 바르게 키우기 위해 세 번이나 이사했다. 서당 근처로 이사했더니 맹자가 글을 읽고 그곳의 예의범절을 익히는 것을 보고 맹자의 어머니는 그곳에 정착했다. 여기서 나온 '맹모삼천'은 '_____'는 말이다.

① 자식의 잘못을 꾸짖기 어렵다.
② 말과 행동이 일치하지 않는다.
③ 아무리 가르쳐도 알아듣지 못하다.
④ 다른 사람의 가르침 없이 스스로 배우고 익히다.
⑤ 자식을 올바르게 키우기 위해서는 환경이 중요하다.

**08~10** 다음 글을 읽고, 물음에 답하시오. (사회) 지역

고산 기후는 고도가 높은 지역에 나타나는 기후를 말한다. 높이 올라갈수록 기온이 내려가기 때문에 고산 지대에서는 일 년 내내 서늘한 고산 기후가 나타난다. 우리나라에서는 다른 지역에 비해 상대적으로 고도가 높은 대관령에 고산 기후가 나타난다.

고산 도시는 고도 2,000미터 이상의 높은 산지에 발달한 도시를 말한다. 주로 적도 부근에 위치한 고산 도시들은 높은 곳에 있어 산소가 희박하고 햇볕이 강한 특징이 있다. 산간 지역이라면 사람들이 거주하기 어려울 것 같지만, 산 아래 지역보다 기온이 낮아 사람들이 생활하기 좋은 곳도 있다. 에콰도르는 적도 부근에 위치하고 있어 기온이 높고 비가 많이 오는 열대 기후가 나타나는 나라이다. 그러나 에콰도르의 수도인 키토는 적도 부근이지만 고산 지대에 위치해 있어 연평균 약 13도 내외의 고산 기후를 보인다. 키토는 쾌적하고 온화한 날씨 덕에 사람들이 살기가 좋아 옛날부터 도시로 발달했고, 지금도 고대 도시의 모습을 잘 보존하고 있다.

**08** 이 글의 핵심 내용을 파악하여 빈칸에 공통으로 들어갈 알맞은 말을 쓰시오.

{ ☐☐☐☐ 기후의 특성과 대표적인 ☐☐☐☐ 도시 }

**09** 고산 기후의 특징으로 알맞은 것은? [✎　　]

① 사람이 살 수 없다.
② 일 년 내내 서늘하다.
③ 일 년 내내 비가 많이 내린다.
④ 적도 부근에서는 나타나지 않는다.
⑤ 해안가의 낮은 지대에서 나타난다.

**10** 에콰도르의 수도 키토에 대한 설명으로 알맞지 않은 것은? [✎　　]

① 적도 부근에 위치해 있다.
② 고산 지대에 발달한 도시이다.
③ 산소가 풍부해서 여행하기 좋다.
④ 고대 도시의 모습을 잘 보존하고 있다.
⑤ 연평균 약 13도 내외의 온화한 날씨를 보인다.

수학 그래프

# 그림으로 나타낸 자료

## 항목

| 항목 | 항 項 |
|---|---|
| 목록 | 목 目 |

하나의 내용을 자세하게 나
누어 놓은 각 부분

## 구하다

찾다        구 求

계산하여 찾거나 풀다.

[○○]              △△ | △△△

1. ~~~~~~~~~~~~~~~~~        ( ○○○ )

2. 다음은 과일 가게에서 파는 항목이다.
   과일값의 평균을 구하시오.

| 항목(개) | 사과 | 배 | 단감 | 평균 |
|---|---|---|---|---|
| 값(원) | 1000 | 2000 | 600 | ? |

(          )

달리기 대회에서 우승을
차지하다니 대단해!

한 시간이 경과됐을 때
포기하고 싶었지만
완주해서 뿌듯해.

## 차지

사물이나 공간, 지위 따위를
자기 몫으로 가지다.

## 경과

| 지나다 | 경 經 |
|---|---|
| 지나다 | 과 過 |

시간이 지나가다.

## 01 빈칸에 공통으로 들어갈 알맞은 말을 쓰시오.

- 자기 소개서의 이름과 전화번호 ☐☐을 꼭 쓰세요.
- 인터넷 사이트에서 국어사전이라는 ☐☐을 누르면 어휘의 뜻을 찾을 수 있다.

## 02 다음 표에서 뜻이 비슷한 어휘를 골라 ○표를 하시오.

**1** 경과하다
비슷한 뜻
물러서다 | 사라지다 | 지나가다

**2** 차지하다
비슷한 뜻
가지다 | 빼앗기다 | 양보하다

## 03 밑줄 그은 어휘의 뜻을 보기에서 골라 알맞은 기호를 쓰시오.

보기

구하다
ⓐ 계산하여 찾거나 풀다.
ⓑ 상대편이 어떻게 해 주기를 부탁하다.
ⓒ 필요한 것을 찾다. 또는 그렇게 하여 얻다.

**1** 9에서 3을 뺀 값을 구하시오. [ ✎        ]

**2** 책방을 샅샅이 뒤져서 원하던 책을 구했다. [ ✎        ]

**3** 친구에게 사과를 할 때 어떤 말을 해야 할지 선생님께 조언을 구했다. [ ✎        ]

## 04 빈칸에 '지나다 과(過)' 자가 들어간 어휘를 쓰시오.

**1** 우리 할아버지는 과 ☐에 경찰이셨다.

이미 지나간 때

**2** 나는 어머니 옆에서 음식을 만드는 과 ☐을 지켜보았다.

어떤 일이 되어 가는 동안 또는 그 사이에 일어난 일

**05** 보기를 참고할 때, 밑줄 그은 어휘의 발음이 바르지 <u>않은</u> 것은?　　　[✎　　]

> **보기**
>
> 　　겹받침 'ㄺ', 'ㄼ'은 모음으로 시작하는 글자와 만나면 겹받침 중의 뒤의 것인 'ㄱ'과 'ㅂ'이 뒷 글자의 첫소리로 옮겨 발음된다. 그런데 겹받침 'ㄳ', 'ㄽ', 'ㅄ'은 모음으로 시작하는 글자와 만나면 'ㅅ'은 된소리 [ㅆ]으로 발음된다.
> 　　**예** 각자에게 공평하게 몫을[목쓸] 나누어 주었다.

① 이 <u>없으면</u>[업쓰면] 잇몸으로 산다.

② 날이 <u>맑으니</u>[말그니] 산책 나가자.

③ 이 물건은 <u>값이</u>[갑시] 너무 비싸다.

④ 누나가 <u>넋을</u>[넉쓸] 놓고 앉아 있었다.

⑤ 책상 <u>넓이가</u>[널비가] 좁아서 불편하다.

**06** 밑줄 그은 부분과 뜻이 비슷한 관용 표현으로 알맞은 것은?　　　[✎　　]

> 영수: 영준아, 어제 우리가 심부름했다고 엄마가 용돈을 주시지 않았어?
> 영준: 아니. 용돈 받은 적 없어.
> 영수: 그래? 용돈을 받았는데 <u>혼자 차지하고 모른 체하는 것</u>은 아니지?

① 입에 담다　　　　② 입을 씻다　　　　③ 입에 발리다

④ 입을 맞추다　　　⑤ 입을 틀어막다

**07** 다음 한자 성어를 활용한 문장으로 알맞지 <u>않은</u> 것은?　　　[✎　　]

> 　　'점입가경(漸入佳境)'은 '시간이 경과할수록 뛰어난 경치가 나타나다.' 또는 '어떤 일이 진행될수록 상황이 더 재미있어지다.'를 뜻하는 말이다. 오늘날에는 '시간이 경과할수록 하는 짓이나 몰골이 더욱 꼴불견이다.'의 뜻으로 사용되기도 한다.

① 이 게임의 재미가 갈수록 <u>점입가경</u>이다.

② 시간이 지날수록 공연에 <u>점입가경</u>으로 빠져들었다.

③ 지리산은 깊이 들어갈수록 <u>점입가경</u>의 풍경을 자랑한다.

④ 대기업 간의 경쟁이 <u>점입가경</u>이 되자 사람들은 눈살을 찌푸렸다.

⑤ 외국으로 유학을 떠난 누나는 한국 음식을 <u>점입가경</u>하며 그리워했다.

**08~10** 다음 글을 읽고, 물음에 답하시오.

수학 그래프

그래프란 자료의 결과를 한눈에 알아볼 수 있도록 나타낸 그림으로 점, 선, 막대 등을 사용해서 나타낸다. 막대그래프는 조사한 수를 막대로 나타낸 것으로, 각 항목의 크기를 비교할 때 편리하다. 꺾은선그래프는 조사한 내용을 가로 눈금과 세로 눈금에서 찾아 둘이 만나는 곳에 점을 찍고 그 점들을 선분으로 이은 것이다. 이 그래프는 선분이 기울어진 정도에 따라 변화하는 모양과 정도를 알 수 있어서 시간의 경과 등에 따른 변화를 확인할 때 편리하다.

띠그래프와 원그래프는 전체에 대한 각 부분의 비율을 띠 모양이나 원 모양으로 나타낸 그래프이다. 이 두 그래프를 그리려면 먼저 각 항목이 전체에서 차지하는 백분율을 구해야 한다. 예를 들어 반 친구들이 좋아하는 계절을 조사한 자료에서 '봄, 여름, 가을, 겨울'이 전체에서 각각 얼마를 차지하는지 알고 싶다면, 각 계절에 투표한 학생 수를 전체 투표 학생 수로 나눈 다음 100을 곱해 백분율을 구한다. 그다음 각 항목이 차지하는 백분율의 크기만큼 선을 그어 띠나 원을 나눈다. 띠그래프와 원그래프는 각 항목의 비율을 비교할 때 편리하다.

**08** 이 글의 핵심 내용을 파악하여 빈칸에 들어갈 알맞은 말을 쓰시오.

{ ⌐⌐⌐⌐⌐⌐⌐⌐⌐ 의 종류와 각각의 쓰임 }

**09** 이 글의 내용과 일치하지 않는 것은?  [ ✎      ]

① 막대그래프는 각 항목의 비율을 비교할 때 편리하다.
② 띠그래프는 전체에 대한 각 부분의 비율을 띠 모양으로 나타낸다.
③ 그래프는 자료의 결과를 한눈에 알아볼 수 있도록 나타낸 그림이다.
④ 꺾은선그래프는 선분이 기울어진 정도에 따라 변화하는 정도를 알 수 있다.
⑤ 원그래프는 각 항목이 차지하는 백분율의 크기만큼 선을 그어 원을 나눈다.

**10** 보기를 나타내기에 알맞은 그래프의 이름을 쓰시오.

보기
'나'의 여섯 달 동안의 몸무게 변화

[ ✎      ]

# 05 줄기가 하는 일

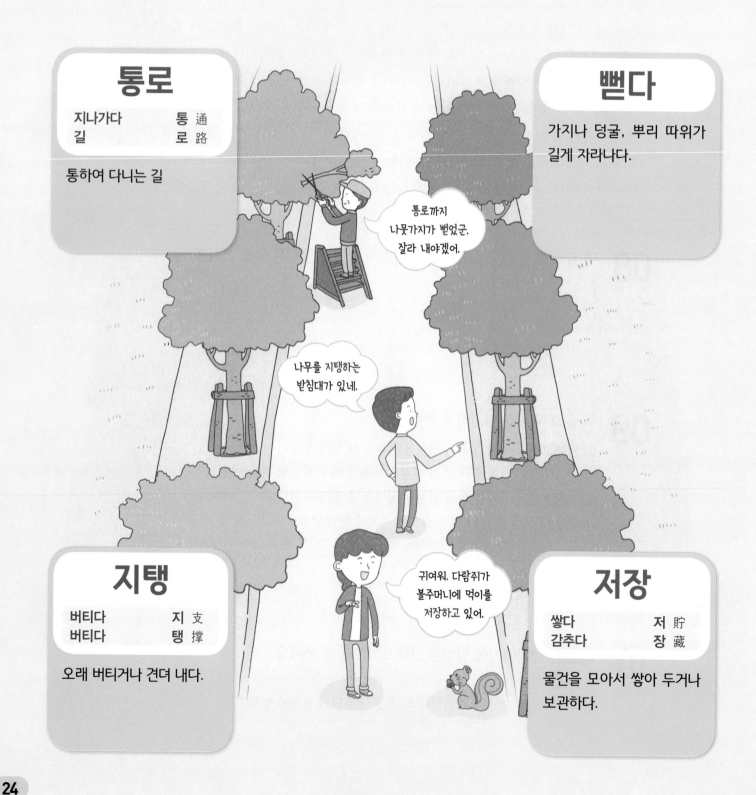

## 통로

| 지나가다 | 통 通 |
| --- | --- |
| 길 | 로 路 |

통하여 다니는 길

## 뻗다

가지나 덩굴, 뿌리 따위가
길게 자라나다.

## 지탱

| 버티다 | 지 支 |
| --- | --- |
| 버티다 | 탱 撑 |

오래 버티거나 견뎌 내다.

## 저장

| 쌓다 | 저 貯 |
| --- | --- |
| 감추다 | 장 藏 |

물건을 모아서 쌓아 두거나
보관하다.

**01** 빈칸에 들어갈 알맞은 어휘를 각각 쓰시오.

> 아들: 오늘 캔 고구마를 창고에 ❶ ☐☐ 해 둘까요?
>
> 아버지: 그러자. 창고로 가는 ❷ ☐☐ 에 있는 수레부터 치우자.

**02** 밑줄 그은 어휘의 뜻을 **보기**에서 골라 알맞은 기호를 쓰시오.

> **보기**
> ㉠ 오므렸던 것을 펴다.
> ㉡ 가지나 덩굴, 뿌리 따위가 길게 자라나다.
> ㉢ 길이나 강, 산맥 따위의 긴 물체가 어떤 방향으로 길게 이어져 가다.

**1** 누나는 다리를 쭉 <u>뻗어</u> 편하게 앉았다. [✎      ]

**2** 도로가 해변을 따라 시원하게 <u>뻗어</u> 있다. [✎      ]

**3** 텃밭에 심어 놓은 호박 덩굴이 담을 따라 <u>뻗어</u> 있다. [✎      ]

**03** 밑줄 그은 어휘와 뜻이 비슷한 어휘를 골라 ◯표를 하시오.

> 이 집은 지붕을 <u>지탱하고</u> 있는 기둥이 썩어서 위험하다.

| 담고 | 버티고 | 무너뜨리고 | 쓰러뜨리고 |

**04** 빈칸에 '쌓다 저(貯)' 자가 들어간 어휘를 쓰시오.

**1** 나는 용돈을 받으면 꼬박꼬박 [ 저 ☐ ]을 하고 있다.
　　　　　　　　　　　돈을 모아 두다. 또는 그 돈

**2** 가뭄이 계속되자 [ 저 ☐☐ ]의 물이 바닥을 드러냈다.
　　　　물을 모아 두기 위해 하천이나 골짜기를 막아 만든 큰 못

# 어법+표현 다져요

## 05 보기를 보고, 문장에 알맞은 어휘를 괄호 안에서 골라 ○표를 하시오.

> **보기**
>
> | 뻗치다 | : '뻗다'를 강조하여 이르는 말 |
> |:---|:---|
> | 뻗히다 | : 오므렸던 것이 펴지다. |

**1** 나뭇가지가 옆집 담까지 ( 뻗치다 │ 뻗히다 ).

**2** 구부렸던 다리가 잘 ( 뻗치지 │ 뻗히지 ) 않는다.

**3** 식물의 줄기가 이리저리 ( 뻗쳐서 │ 뻗혀서 ) 가위로 잘라 냈다.

## 06 보기의 말을 '저장' 뒤에 붙여 빈칸에 들어갈 알맞은 어휘를 쓰시오.

> **보기**
>
> | -성(性) | -실(室) | -물(物) |
> |:---|:---|:---|
> | '성질'이라는 뜻을 더하는 말 | '방'이라는 뜻을 더하는 말 | '물건' 또는 '물질'이라는 뜻을 더하는 말 |

**1** 발효 식품인 김치는 [              ]이 좋다.

**2** 이 창고에 있는 [              ]은 모두 국가의 것이다.

**3** 마당 귀퉁이에 젓갈 등을 보관하는 [              ]이 있다.

## 07 밑줄 그은 관용 표현의 뜻으로 알맞은 것은? [✎    ]

> 해변에 마구 지어지는 불법 건축물의 <u>뿌리를 뽑아야</u> 해변 환경을 지킬 수 있다.

① 자리를 잡다.　　　　　　　　② 준비가 되다.

③ 익숙하게 하다.　　　　　　　④ 기초가 튼튼하게 다져지다.

⑤ 생기거나 자랄 수 있는 원인을 없애다.

08~10 다음 글을 읽고, 물음에 답하시오.  과학 생물

식물은 대부분 뿌리와 줄기, 잎으로 이루어져 있다. 줄기는 뿌리와 잎을 연결하는 부분으로, 물과 양분이 이동하는 통로 역할을 한다. 뿌리에서 흡수된 물과 양분은 줄기를 통해 잎까지 이동하며, 잎에서 만들어진 양분도 줄기를 통해 식물의 다른 부분으로 이동한다. 또 줄기는 식물의 몸체를 지탱하는 역할을 하고, 여분의 양분을 저장하기도 한다. 우리가 먹는 감자나 양파, 토란, 마늘 등은 땅속에 있는 줄기 끝이 양분을 저장하여 커진 것이다. 줄기의 표면은 꺼칠꺼칠하거나 매끈한 껍질로 싸여 있어 더위와 추위로부터 식물을 보호하며 해충의 침입을 막아 준다.

줄기는 식물의 종류에 따라 생김새가 다양하다. 느티나무처럼 굵고 곧은 것도 있고, 나팔꽃처럼 가늘고 길어 다른 물체를 감아 올라가는 것도 있다. 또 고구마처럼 땅 위를 기는 듯이 뻗는 것도 있고, 담쟁이덩굴처럼 담, 나무 등의 다른 물체에 달라붙어 자라는 것도 있다.

**08** 이 글의 핵심 내용을 파악하여 빈칸에 들어갈 알맞은 말을 쓰시오.

식물의 [        ]가 하는 일과 다양한 생김새

**09** 줄기의 역할로 알맞지 **않은** 것은?  [✎    ]

① 양분을 저장한다.  ② 뿌리와 잎을 연결한다.
③ 씨를 만들고 보호한다.  ④ 식물의 몸체를 지탱한다.
⑤ 물과 양분을 이동시킨다.

**10** 줄기 끝에 양분을 저장하는 식물이 **아닌** 것은?  [✎    ]

① 감자  ② 양파  ③ 토란
④ 마늘  ⑤ 고구마

국어 말하기

# 연설을 해요

## 유세

| 떠돌다 | 유 | 遊 |
|---|---|---|
| 말하다 | 세 | 說 |

선거를 앞두고 후보가 공약·주장 등을 설명하고 널리 알리다.

## 조리

| 맥락 | 조 | 條 |
|---|---|---|
| 다스리다 | 리 | 理 |

말이나 글 또는 일이나 행동이 앞뒤가 들어맞고 체계가 있다.

반장이 안 돼서 속상해? 그래도 선거 유세 때 조리 있게 말하는 네 모습이 참 멋있었어.

내가 호소력이 부족했을까?

선생님께서 당부하신 말씀처럼 결과에 너무 연연하지 말자. 충분히 잘했어.

## 호소력

| 부르짖다 | 호 | 呼 |
|---|---|---|
| 알리다 | 소 | 訴 |
| 힘 | 력 | 力 |

강한 인상을 주어 마음을 사로잡을 수 있는 힘

## 당부

| 마땅하다 | 당 | 當 |
|---|---|---|
| 부탁하다 | 부 | 付 |

말로 단단히 부탁하다.

**01** 밑줄 그은 내용과 바꾸어 쓸 수 있는 어휘를 빈칸에 쓰시오.

> 자신의 의견을 잘 전달하려면 <u>앞뒤가 들어맞고 체계가</u> 있게 말해야 한다.
> ↳ ☐☐가

**02** 빈칸에 공통으로 들어갈 알맞은 어휘를 쓰시오.

> • 그의 말은 진심이 느껴지지 않아 ☐☐☐이 없다.
> • 그 뮤지컬 배우는 ☐☐☐ 있는 목소리로 관중의 마음을 사로잡았다.

**03** 밑줄 그은 어휘와 뜻이 비슷한 어휘를 골라 ✔표를 하시오.

> 누나가 내게 책을 빌려주면서 책을 잃어버리지 말라고 <u>당부했다</u>.

☐ 화냈다　　☐ 불평했다　　☐ 부탁했다　　☐ 제기했다

**04** 밑줄 그은 어휘의 뜻을 보기에서 골라 알맞은 기호를 쓰시오.

> **보기**
> ㉠ 세력이 있음을 내세우고 자랑하다.
> ㉡ 선거를 앞두고 후보가 공약·주장 등을 설명하고 널리 알리다.

**1** 진우는 반장이라고 <u>유세</u>를 부려서 보기 좋지 않다. [✎　　]

**2** 전통 시장 앞에서 국회 의원 후보자가 <u>유세</u> 활동을 했다. [✎　　]

**05** 보기를 참고할 때, 밑줄 그은 어휘의 '-장'의 뜻이 다른 것은? [✎    ]

> **보기**
>
> **-장(場)** : '장소'의 뜻을 더하는 말 예 운동장
>
> **-장(帳)** : '증서'나 '공책'의 뜻을 더하는 말 예 일기장

① 누나는 졸업장을 받아들고는 눈물을 글썽였다.
② 나는 주말에 아버지와 함께 야구장에 가기로 했다.
③ 공사장에서는 사고가 잘 나기 때문에 늘 조심해야 한다.
④ 사람들이 그의 연설을 들으려고 선거 유세장에 많이 모였다.
⑤ 우리 가족은 친척 어르신이 돌아가셔서 장례식장에 다녀왔다.

**06** 밑줄 그은 부분과 뜻이 통하는 관용 표현으로 알맞은 것에 ✓표를 하시오.

> 어머니는 외출하시면서 내게 문을 꼭 잠그고 있으라고 여러 번 계속해서 당부하셨다.

☐ 손이 크다
씀씀이가 후하고 크다.

☐ 발 벗고 나서다
적극적으로 나서다.

☐ 입이 닳다
같은 말을 여러 번 되풀이하여 말하다.

**07** 밑줄 그은 부분에 들어갈 내용으로 알맞은 것은? [✎    ]

| 橫 | 說 | 竪 | 說 |
|---|---|---|---|
| 가로 횡 | 말씀 설 | 세로 수 | 말씀 설 |

'횡설수설'은 가로로 말하다가 세로로 말한다는 뜻으로, _____
을 가리킨다. 예를 들어 '그는 감정에 복받쳐서 횡설수설했다.'와 같이 쓰인다.

① 말과 행동이 같은 것
② 거침없이 말을 잘하는 모습
③ 같은 말을 계속 되풀이하는 모습
④ 조리가 없이 정신없이 떠드는 말
⑤ 근거 없이 이리저리 떠도는 헛된 소문

다음 글을 읽고, 물음에 답하시오.　　　　　　　　　　　　　국어 말하기

　　연설은 여러 사람 앞에서 자기의 주장을 펴거나 의견을 말하는 것이다. 연설은 다른 사람을 설득하는 것이 목적이므로 선거에서 유세할 때, 행사에서 대표로 말을 할 때 등의 상황에서 쓰인다. 세계적으로 유명한 연설로는 미국의 인권 운동가인 마틴 루터 킹의 연설, '나에게는 꿈이 있습니다'가 있다. 그는 이 연설에서 흑인에 대한 인종 차별 문제의 심각성을 일깨우고, 인종 차별을 없앨 것을 당부하며 큰 감동을 주었다.

　　연설문은 연설할 내용을 문장으로 쓴 글이다. 연설에서 듣는 사람을 잘 설득하려면 연설문을 쓸 때 진실한 내용을 담아 호소력 있게 주장을 펼쳐야 한다. 연설문의 처음 부분은 듣는 사람의 관심과 호기심을 이끌어 낼 수 있는 말로 시작하여 주의를 집중시키도록 한다. 그리고 듣는 사람이 이해하기 쉽게 중요한 내용은 조리 있게 정리하고, 강조할 부분은 여러 번 반복하는 것도 좋다. 또 듣는 사람의 수준을 고려하되, 여러 사람에게 하는 말하기인 만큼 높임 표현을 사용해야 한다.

**08** 이 글의 핵심 내용을 파악하여 빈칸에 들어갈 알맞은 말을 쓰시오.

{ 　　　　　　　　의 뜻과 연설문을 쓰는 방법 　　　　　　　　}

**09** 마틴 루터 킹이 연설에서 강조한 내용으로 알맞은 것은?　　　[　🖉　]

① 인종 차별을 없애자.　　　　　　　② 미국의 대통령을 바꾸자.
③ 선거 유세에 모두 함께 하자.　　　④ 누구에게나 꿈이 있다는 것을 알자.
⑤ 어린이 인권 운동에 적극적으로 참여하자.

**10** 연설문을 쓰는 방법으로 알맞지 <u>않은</u> 것은?　　　[　🖉　]

① 진실한 내용을 쓴다.
② 호소력 있게 주장을 펼친다.
③ 중요한 내용을 조리 있게 정리한다.
④ 강조해야 하는 내용은 여러 번 반복해서 쓴다.
⑤ 처음 부분은 듣는 사람의 관심을 끌기 위해 자극적인 내용을 담는다.

# 김홍도의 「씨름도」

## 성글다

물건의 사이가 뜨다.

## 고단하다

몸이 지쳐서 피곤하고 나른하다.

푸른 바다를 바라보고 있으니 그동안의 고단함이 풀리는 기분이야.

이 돗자리는 올이 굵고 성글게 짜여 있네.

저 멀리 은은하게 보이는 외딴섬이 왠지 고적해 보여.

## 은은하다

| 숨다 | 은 | 隱 |
| 숨다 | 은 | 隱 |

겉으로 뚜렷하게 드러나지 않고 어슴푸레하며 흐릿하다.

## 고적

| 외롭다 | 고 | 孤 |
| 쓸쓸하다 | 적 | 寂 |

외롭고 쓸쓸하다.

**01** 빈칸에 공통으로 들어갈 알맞은 어휘를 쓰시오.

> • 하루 종일 걸었더니 몸이 몹시 ☐☐하다.
>
> • 그는 이삿짐을 정리하느라 ☐☐했는지 눕자마자 잠이 들었다.

**02** 밑줄 그은 어휘와 뜻이 비슷한 어휘가 <u>아닌</u> 것은? [ ✏ ]

> 아이들이 떠나간 교실이 오늘따라 더욱 <u>고적하다</u>.

① 외롭다      ② 쓸쓸하다      ③ 적막하다

④ 조용하다      ⑤ 시끌벅적하다

**03** 다음 표에서 뜻이 비슷하거나 반대되는 어휘를 골라 ◯표를 하시오.

| **1** 은은하다 | **2** 성글다 |
| --- | --- |
| ◀ 비슷한 뜻 | ◀ 반대의 뜻 |
| 흐릿하다 \| 강렬하다 \| 요란하다 | 거칠다 \| 엉성하다 \| 빽빽하다 |

**04** 빈칸에 '외롭다 고(孤)' 자가 들어간 어휘를 쓰시오.

**1** 일주일 넘게 폭설이 내려서 산간 지방의 주민들이 고☐☐되었다.

> 다른 사람과 어울려 사귀지 않거나 도움을 받지 못하여 외톨이로 되다.

**2** 나는 때때로 이 세상에 나 혼자만이 있는 것 같은 고☐☐☐을 느낀다.

> 세상에 홀로 떨어져 있는 듯이 매우 외롭고 쓸쓸한 마음

**05** 〔   〕 안의 말 중에서 표기가 바른 것을 골라 ○표를 하시오.

**1** 방 안이 어두워서 물건들이 〔 어슴푸레 / 어슴프레 〕하게 보인다.

**2** 동생은 물을 급하게 마시다가 〔 사례 / 사래 〕가 들려 기침을 했다.

**3** 나는 고깃국에서 〔 건데기 / 건더기 〕를 먼저 먹고 국물을 나중에 마셨다.

**06** 다음 관용 표현의 공통된 뜻으로 알맞은 것은?　〔 ✎　　〕

〔 진이 빠지다 〕　　〔 녹초가 되다 〕　　〔 파김치가 되다 〕

① 몹시 놀라서 말을 못 하게 되다.
② 몹시 지쳐서 피곤하고 나른하다.
③ 슬픔으로 가득 차 견디기 힘들다.
④ 마음속에 맺힌 것이 풀려 환해지다.
⑤ 뽐내고 싶은 기분이나 자랑스러운 기분이 들다.

**07** 다음 한자 성어를 활용한 문장으로 알맞은 것은?　〔 ✎　　〕

| 孑 | 孑 | 單 | 身 |
|---|---|---|---|
| 외롭다 혈 | 외롭다 혈 | 하나 단 | 몸 신 |

'혈혈단신'은 가족이나 친척, 친구와 같이 의지할 만한 사람 없이 오직 자신 혼자뿐인 외롭고 쓸쓸한 사람을 가리키는 말이다.

① 우리 부모님은 십오 년을 함께 <u>혈혈단신</u>했다.
② 그들은 <u>혈혈단신</u> 떼를 지어 함께 돌아다닌다.
③ 우리 팀이 <u>혈혈단신</u>한다면 어려움을 극복할 수 있을 것이다.
④ 우리는 이번에 박물관에 견학 가기로 <u>혈혈단신</u>으로 찬성했다.
⑤ 그는 몇 년 전 사고로 부모와 형제를 모두 잃고 <u>혈혈단신</u>의 몸이 되었다.

**08~10** 다음 글을 읽고, 물음에 답하시오. 사회 사회·문화

　단원 김홍도는 조선 후기 영·정조 때의 화가이다. 김홍도는 풍속화를 비롯하여 고적한 분위기의 *산수화, 인물화 등 많은 작품을 남겼다. 특히 서민들의 생활 모습을 그린 그의 풍속화는 인기가 높았는데, 그 중 보물 제527호인 ㉠「씨름도」가 대표작이다.

▲ 김홍도, 「씨름도」

　「씨름도」는 단옷날에 씨름판이 열린 장면을 그린 작품으로 구경꾼들이 씨름을 하는 사람들을 중심으로 원형 구도를 이루고 있다. 「씨름도」에는 두 손을 땅에 대고 씨름을 구경하는 사람, 부채로 얼굴을 가렸지만 승부에 눈을 떼지 못하는 점잖은 양반, 씨름을 구경하는 사람들에게 엿을 팔고 있는 성근 머리칼의 엿장수 등의 모습이 표현되어 있다. 이러한 모습에서 신분 사회였음에도 불구하고 다양한 계층의 사람들이 함께 어울려 삶의 고단함을 털어 내던 당시의 놀이문화를 엿볼 수 있다. 김홍도는 그림의 배경은 은은한 먹으로 그리고, 인물은 굵은 선으로 표현하여 인물들의 표정과 옷차림에 시선이 가도록 했다.

\* 산수화(산 山, 물 水, 그림 畵): 동양화에서, 산과 물이 어우러진 자연의 아름다움을 그린 그림

**08** 이 글의 핵심 내용을 파악하여 빈칸에 들어갈 알맞은 말을 쓰시오.

단원 김홍도의 대표작인 「　　　　　　　」의 내용과 특징

**09** 김홍도에 대한 설명으로 알맞지 <u>않은</u> 것은? [✐ 　]

① 풍속화의 인기가 높았다.
② 산수화나 인물화는 그리지 않았다.
③ 조선 후기 영·정조 때 활동한 화가이다.
④ 대표작으로는 보물 제527호의 「씨름도」가 있다.
⑤ 그림에서 조선 시대 서민들의 생활 모습을 표현했다.

**10** ㉠에 대한 설명으로 알맞은 것은? [✐ 　]

① 추석에 열린 씨름 경기를 그린 그림이다.
② 구경꾼 없이 씨름을 하는 사람만 나와 있다.
③ 인물들의 모습이 사각형 구도를 이루고 있다.
④ 서민, 양반 등 다양한 계층의 사람들이 등장한다.
⑤ 그림의 배경을 다양한 색으로 강렬하게 표현했다.

과학 우주

# 발명으로 우주를 보다

## 관측

| 보다 | 관 觀 |
|------|------|
| 재다 | 측 測 |

자연 현상을 관찰하여 어떤 사실을 짐작하거나 알아내다.

## 뚜렷하다

흐리지 않고 아주 분명하다.

뉴스에서 오늘 보름달을 관측할 수 있다더니, 뚜렷하게 보이네.

아빠, 카메라 확대 기능을 사용해서 보름달과 제가 함께 나오게 사진 찍어 주세요.

저 의자에 앉으렴. 네 얼굴과 달이 평행하게 보이게 찍어 줄게.

## 확대

| 넓히다 | 확 擴 |
|------|------|
| 크다 | 대 大 |

모양이나 규모를 더 크게 하다.

## 평행

| 평평하다 | 평 平 |
|------|------|
| 다니다 | 행 行 |

서로 나란히 있어 아무리 연장해도 서로 만나지 않는 것

## 01 빈칸에 들어갈 알맞은 어휘를 각각 쓰시오.

민수: 이것 좀 봐. 비행접시가 ❶ ☐☐ 하게 찍힌 사진이 인터넷에 올라왔어.

혜림: 난 잘 모르겠어. 사진에서 비행접시가 찍힌 부분을 조금 더 ❷ ☐☐ 해 보자.

## 02 다음 표에서 뜻이 비슷한 어휘를 골라 ○표를 하시오.

**1**

관측하다

┊ 비슷한 뜻

관찰하다 | 끼어들다 | 상상하다

**2**

평행하다

┊ 비슷한 뜻

축소하다 | 확장하다 | 나란하다

## 03 빈칸에 들어갈 어휘로 알맞지 <u>않은</u> 것을 골라 ✓표를 하시오.

비가 그치자 먼지가 씻겨 내려가서 먼 곳까지 ☐ 보였다.

☐ 뚜렷하게 　　☐ 흐릿하게 　　☐ 분명하게 　　☐ 명확하게

## 04 '평(平)' 자가 들어간 보기의 어휘 중 빈칸에 알맞은 어휘를 골라 쓰시오.

보기
평지(평평하다 平, 땅 地)　　평온(평평하다 平, 편안하다 穩)

주희: 이 길은 ❶ ☐☐ 가 계속 이어져 있어서 자전거 타기에 좋아 보여.

미우: 길을 따라 자전거를 타다 보면 마음이 ❷ ☐☐ 해질 것 같아.

## 05 짝 지어진 두 어휘의 관계가 보기와 다른 것은?  [ ✎    ]

> **보기**
>
> 조금  -  쪼금
> 여린말   센말
>
> '조금'과 '쪼금'은 뜻이 같으나 '조금'이 '쪼금'보다 여린 느낌을 준다.

① 좀 - 쫌  ② 번적이다 - 번쩍이다  ③ 동그라미 - 똥그라미

④ 감감하다 - 깜깜하다  ⑤ 두렷하다 - 뚜렷하다

## 06 밑줄 그은 부분과 뜻이 통하는 관용 표현으로 알맞은 것은?  [ ✎    ]

> 주희: 할머니가 사시던 고향은 어떤 곳이었나요?
>
> 할머니: 정말 아름다운 곳이었지. 푸른 산과 들이 펼쳐져 있고 마을 가운데에는 맑은 냇
> 물이 졸졸 흘렀단다.
>
> 주희: 옛날 일인데도 아직도 다 기억이 나세요?
>
> 할머니: 그럼. 지금도 고향의 모습이 잊히지 않고 머릿속에 <u>뚜렷하게 떠오르는구나.</u>

① 눈에 차다  ② 눈에 익다  ③ 눈에 어리다

④ 눈 밖에 나다  ⑤ 눈에 거슬리다

## 07 다음 상황에 어울리는 속담으로 알맞은 것에 ✓표를 하시오.

> 한 운동복 회사는 20대에 몰려 있는 주요 소비자층을 40~60대까지 확대하기 위해 이
> 벤트를 진행했다. 운동복을 사면 40~60대가 좋아할 만한 안마 기구를 사은품으로 준
> 것이다. 이 이벤트는 인기를 끌었지만, 한편으로는 물건값보다 더 비싼 제품을 공짜로 제
> 공해서 시장 경제를 흐렸다는 비판을 받았다.

| ☐ 배보다 배꼽이 더 크다 | ☐ 놓친 고기가 더 커 보인다 | ☐ 산이 커야 그늘이 크다 |
|---|---|---|
| 기본이 되는 것보다 덧붙이는 것이 더 많거나 크다. | 지금 가지고 있는 것보다 이전 것이 더 좋아 보인다. | 품은 뜻이 높고 커야 품은 포부나 생각도 크고 깊다. |

08~10 다음 글을 읽고, 물음에 답하시오.
　　　　　　　　　　　　　　　　　　　　　　　　　　　과학 우주

　렌즈는 기원전 2000년경에 등장했지만, 렌즈를 이용한 망원경은 근대에 들어서 발명되었다. 1608년 네덜란드에서 안경을 만들던 한스 리퍼세이는 두 개의 안경 렌즈를 이리저리 조합하다가 놀라운 사실을 발견했다. 두 렌즈를 평행하게 떨어뜨린 채로 멀리 있는 대상을 보니, 대상이 바로 눈앞에 있는 것처럼 뚜렷하게 보였던 것이다. 그는 이 원리를 이용하여 길쭉한 통에 두 개의 렌즈를 끼워서 망원경을 만들었다. 이러한 망원경의 발명으로 사람들은 멀리 있는 물체를 확대하여 정확하게 볼 수 있게 되었다.

　1609년 이탈리아의 천문학자이자 물리학자인 갈릴레이는 망원경의 기본 원리를 알아낸 뒤 직접 렌즈를 갈아 망원경을 만들었다. 갈릴레이는 수차례 실험을 반복한 끝에 대상을 20배 가까이 볼 수 있는 천체 망원경을 만드는 데 성공했다. 갈릴레이는 천체 망원경으로 우주를 관측하여 달의 표면이 매끈하지 않고 울퉁불퉁하다는 것을 밝혔다. 또한 수많은 별이 모여 있는 은하수, 목성과 그 주위를 도는 네 개의 위성, 태양의 흑점 등을 관측했다.

**08** 이 글의 핵심 내용을 파악하여 빈칸에 들어갈 알맞은 말을 쓰시오.

{ ﹇﹍﹍﹍﹍﹍﹍﹍﹍﹍﹍﹍﹍﹍﹎의 발명으로 생긴 변화 }

**09** 이 글의 내용으로 알맞은 것은?　　　　　　　　　　[ ✐　　]

① 망원경은 처음에 전쟁에 사용되었다.
② 렌즈와 망원경은 비슷한 시대에 발명되었다.
③ 천문학자였던 한스 리퍼세이가 망원경을 만들었다.
④ 갈릴레이는 렌즈 없이도 우주를 볼 수 있는 망원경을 만들었다.
⑤ 처음 발명된 망원경은 길쭉한 통에 두 개의 렌즈를 끼운 모양이었다.

**10** 갈릴레이가 천체 망원경으로 관측한 것이 <u>아닌</u> 것은?　　　[ ✐　　]

① 달　　　　② 목성　　　　③ 태양　　　　④ 은하수　　　　⑤ 블랙홀

## 09 민주 선거의 원칙

사회 정치

### 선출

| 뽑다 | 선 選 |
| 나오다 | 출 出 |

여럿 가운데서 골라내다.

### 신중

| 삼가다 | 신 愼 |
| 무겁다 | 중 重 |

매우 조심스럽다.

이번에 선출된 주장은 신중하고 배려심이 많더라.

나도 네 말에 동의해. 주장으로서 자질이 충분하더라.

### 동의

| 같다 | 동 同 |
| 뜻 | 의 意 |

무엇을 하고자 하는 생각이나 의견을 같이하다.

### 자질

| 바탕 | 자 資 |
| 바탕 | 질 質 |

타고난 바탕이나 소질 또는 일에 대한 능력이나 실력의 정도

## 01 빈칸에 공통으로 들어갈 알맞은 어휘를 쓰시오.

- 그는 고통을 이겨 내는 강인한 ☐☐ 을 타고났다.

- 그는 탐구심이 강하고 실험을 좋아하는 등 과학자가 될 만한 ☐☐ 이 충분하다.

## 02 다음 표에서 뜻이 비슷하거나 반대되는 어휘를 골라 ○표를 하시오.

**1** 선출하다

비슷한 뜻

뽑다 | 나가다 | 방해하다

**2** 동의하다

반대의 뜻

찬성하다 | 결정하다 | 반대하다

## 03 밑줄 그은 어휘와 뜻이 비슷한 어휘를 괄호 안에서 골라 ○표를 하시오.

중요한 일을 할 때에는 <u>신중하게</u> 생각하고 행동해야 한다.
↳ ( 가볍게 | 경솔하게 | 조심스럽게 )

## 04 '동(同)' 자가 들어간 보기의 어휘 중 빈칸에 알맞은 어휘를 골라 쓰시오.

보기

동료(같다 同, 동료 僚)    동맹(같다 同, 맹세 盟)

**1** 우리나라는 주변국들과 군사 ☐☐ 을 체결했다.

둘 이상의 개인, 나라 등이 이익을 위해 서로 도울 것을 약속하다.

**2** 휴식 시간이면 회사 ☐☐ 들이 모여 이야기를 나눈다.

직장에서 함께 일하는 사람

**05** [ ] 안의 말 중에서 띄어쓰기가 바른 것을 골라 ◯표를 하시오.

**1** 송아는 음악적 재능을 [ 타고났다 / 타고 났다 ].

**2** 텃밭에서 열심히 돌을 [ 골라냈다 / 골라 냈다 ].

**3** 규현이는 나와 의견을 [ 같이했다 / 같이 했다 ].

**06** 밑줄 그은 내용과 뜻이 통하는 관용 표현으로 알맞은 것은? [ ✐ ]

> 나는 다른 사람들의 도움을 받고 어려움을 극복한 뒤로, 나도 다른 사람을 도울 줄 아는 <u>사람으로서의 자질을 갖추어야겠다</u>고 마음을 먹었다.

① 사람이 되다
② 떠오르는 별
③ 사람을 버리다
④ 사람 같지 않다
⑤ 사람은 지내봐야 안다

**07** 밑줄 그은 속담의 뜻으로 알맞은 것은? [ ✐ ]

> 지우: 영우야, 우리 내일 박물관 가는 길 검색해 볼까?
> 영우: 나 저번에 가 봐서 잘 알아. 검색 안 해도 돼.
> 지우: "<u>돌다리도 두들겨 보고 건너라</u>"라고 하잖아. 다시 한 번 살펴보자.

① 자기 분수에 맞게 행동해야 한다.
② 어렸을 때부터 좋은 습관을 들이는 것이 중요하다.
③ 잘 아는 일이라도 신중하게 생각하고 행동해야 한다.
④ 하고 싶은 말이나 해야 할 말은 시원히 다 해 버려야 좋다.
⑤ 무슨 일을 하려고 생각했으면 망설이지 말고 곧 행동으로 옮겨야 한다.

08~10 다음 글을 읽고, 물음에 답하시오.　　　사회 정치

　　민주주의 국가에서 국민이 정치에 참여하는 가장 기본적인 방법은 선거이다. 국민들은 선거를 통해 국민의 대표를 뽑아 국민의 권리를 대신 행사하게 한다. 현재 우리나라에서는 민주 선거의 4대 원칙인 '보통 선거, 평등 선거, 직접 선거, 비밀 선거'를 지키고 있다. 보통 선거는 일정한 나이가 되면 누구나 선거에 참여할 수 있다는 것이다. 평등 선거는 누구나 평등하게 한 표씩 투표권을 가진다는 것이다. 직접 선거는 투표권을 가진 사람이 직접 후보자에게 투표를 하는 것이다. 비밀 선거는 투표의 내용을 다른 사람들이 모르게 하는 것이다.

　　국민들은 투표를 하기 전에 후보자가 어떤 사람인지, 어떤 생각을 가지고 있는지, 후보자의 생각과 의견에 동의할 수 있는지 신중하게 살펴봐야 한다. 자질이 부족하거나 도덕적이지 못한 사람이 선출될 경우 나라가 위태로워질 수 있기 때문이다. 국민의 뜻을 잘 반영하고, 나라를 발전시킬 수 있는 사람을 뽑아야 국민의 권리가 정당하게 행사될 것이다.

**08** 이 글의 핵심 내용을 파악하여 빈칸에 들어갈 알맞은 말을 쓰시오.

민주 [　　　　]의 4대 원칙

**09** 민주 선거의 4대 원칙이 <u>아닌</u> 것은?　　　[✎　　]

① 투표의 내용을 다른 사람이 모르게 한다.
② 선거에 나간 후보자들만 투표권을 가진다.
③ 누구나 평등하게 한 표씩 투표권을 가진다.
④ 투표권을 가진 사람이 직접 후보자에게 투표한다.
⑤ 일정한 나이가 되면 누구나 선거에 참여할 수 있다.

**10** 투표를 하기 전에 생각할 점으로 알맞지 <u>않은</u> 것은?　　　[✎　　]

① 후보자가 어떤 사람인지 살펴본다.
② 후보자가 어떤 생각을 가지고 있는지 알아본다.
③ 후보자의 생각과 의견에 동의할 수 있는지 살펴본다.
④ 후보자가 국민의 뜻을 잘 반영할 수 있는지 살펴본다.
⑤ 후보자의 부족한 자질을 국민이 바꾸어 줄 수 있을지 살펴본다.

# 10 음료수 캔의 비밀

수학 도형

## 연결

| | | |
|---|---|---|
| 잇닿다 | 연 | 連 |
| 맺다 | 결 | 結 |

사물이나 현상 등이 서로 이어지거나 관계를 맺다.

## 절감

| | | |
|---|---|---|
| 아껴 쓰다 | 절 | 節 |
| 덜다 | 감 | 減 |

아끼어 줄이다.

육지와 섬을 연결한 다리가 생겨서 섬에 오가는 시간과 비용이 절감됐구나.

엄마, 섬을 둘러싼 멋진 절벽이 땅과 수직을 이루는 것 같아요.

## 둘러싸다

전체를 감아서 싸다.

## 수직

| | | |
|---|---|---|
| 가장자리 | 수 | 垂 |
| 곧다 | 직 | 直 |

직선 또는 평면이 직각을 이루는 상태

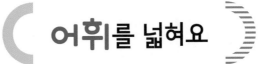

정답과 해설 15쪽

**01** 밑줄 그은 어휘의 뜻에 맞는 말을 괄호 안에서 골라 ○표를 하시오.

**1** 민주는 두 막대기를 <u>연결</u>해 하나로 만들었다.

→ 뜻 사물이나 현상 등이 서로 ( 이어져 │ 나누어져 ) 있다.

**2** 겨울에 집의 창문 틈새를 막으면 난방비를 <u>절감</u>할 수 있다.

→ 뜻 아끼어 ( 늘이다 │ 줄이다 ).

**02** '수직'을 나타내는 그림으로 알맞은 것을 골라 ✓표를 하시오.

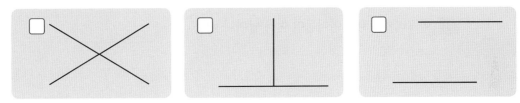

**03** 밑줄 그은 어휘의 뜻을 보기에서 골라 알맞은 기호를 쓰시오.

보기

둘러싸다
┌ ㉠ 둥글게 에워싸다.
├ ㉡ 전체를 감아서 싸다.
└ ㉢ 어떤 것을 행동이나 관심의 중심으로 삼다.

**1** 연극 주제를 <u>둘러싼</u> 친구들의 의견은 다양했다. [    ]

**2** 우리는 모닥불을 <u>둘러싸고</u> 서서 노래를 불렀다. [    ]

**3** 소영이는 선물을 정성스럽게 포장지로 <u>둘러쌌다</u>. [    ]

**04** '결(結)' 자가 들어간 보기의 어휘 중 빈칸에 알맞은 어휘를 골라 쓰시오.

보기

결혼(맺다 結, 혼인하다 婚)      결론(맺다 結, 논의하다 論)

**1** 우리는 긴 토의 끝에 [        ]을 내렸다.

**2** 두 사람은 [        ] 후에 행복한 가정을 꾸려 나가기로 약속했다.

**05** 보기를 보고, 빈칸에 들어갈 알맞은 어휘를 쓰시오.

> 보기
>
> **줄이다** : • 물체의 길이나 넓이를 원래보다 작게 하다.
>
> • 수나 양을 적게 하거나 무게를 덜 나가게 하다.
>
> **주리다** : 제대로 먹지 못하여 굶다.

**1** 옷소매가 길어서 몸에 맞게 [          ].

**2** 그는 대회에 나가기 위해 체중을 [          ].

**3** 아프리카의 어린아이들이 여러 날이나 배를 [          ].

**06** [ ] 안의 말 중에서 알맞은 어휘를 골라 ○표를 하시오.

**1** 주차 문제를 [ 둘러싸고 / 둘러쌓고 ] 주민들의 의견이 분분하다.

**2** 옛날 제주도에서는 집 주위에 돌담을 높게 [ 둘러싸다 / 둘러쌓다 ].

**3** 아이들은 할머니를 [ 둘러싸고 / 둘러쌓고 ] 옛날이야기를 해 달라고 졸랐다.

**07** 밑줄 그은 부분과 뜻이 통하는 관용 표현으로 알맞은 것은? [ ✎ ]

> • 이모는 자기네 회사 직원과 우리 누나를 <u>연결해 주려고</u> 한다.
> • 우리는 생산자와 소비자를 <u>연결해 주어서</u> 상품의 가격을 낮춘다.

① 발을 끊다　　　② 발을 구르다　　　③ 다리를 놓다

④ 뒷다리를 잡다　　　⑤ 다리를 뻗고 자다

**08~10** 다음 글을 읽고, 물음에 답하시오. 수학 도형

대부분의 음료수 캔은 왼쪽 그림과 같은 원기둥 모양이다. 원기둥은 위아래 면이 서로 평행하고 합동인 원이고, 옆면은 밑면인 원을 둘러싸서 말아 놓은 모양이며 밑면과 옆면은 수직으로 연결된다. 밑넓이와 높이가 같은 원기둥, 삼각기둥, 사각기둥이 있다면 세 기둥의 부피는 모두 같지만 세 기둥 중 겉넓이는 원기둥이 가장 작다. 따라서 같은 양의 음료수를 재료가 가장 적게 드는 원기둥 모양의 캔에 담으면 비용을 절감할 수 있다.

그리고 콜라, 사이다 같은 탄산음료 캔의 밑바닥은 오목하게 굽은 모양이다. 탄산음료는 이산화탄소를 물에 녹여 만든 음료이다. 물에 이산화탄소를 녹이기 위해서는 압력을 가해야 하는데, 이때 캔의 바닥이 평평하면 이산화탄소가 캔 표면을 밀어내서 캔이 터질 수 있다. 그러나 캔 바닥이 오목하면 이산화탄소가 캔 표면을 밀어내도 캔이 견뎌 낸다. 탄산음료의 캔은 안전을 위해 밑바닥을 오목하게 만드는 것이다.

**08** 이 글의 핵심 내용을 파악하여 빈칸에 들어갈 알맞은 말을 쓰시오.

음료수 캔의 [          ]에 숨어 있는 원리

**09** 이 글의 내용에 맞게 괄호 안에서 알맞은 어휘를 골라 ○표를 하시오.

밑넓이와 높이가 같을 때 ( 원기둥 | 삼각기둥 | 사각기둥 )의 겉넓이가 가장 작으므로 같은 양의 음료수를 가장 적은 비용을 들여 담을 수 있다.

**10** 탄산음료 캔의 밑바닥을 오목하게 만드는 까닭으로 알맞은 것은?　　[✎　　]

① 캔이 잘 세워지게 하기 위해
② 캔 디자인을 멋지게 하기 위해
③ 더운 여름에도 음료수를 차갑게 유지하기 위해
④ 장기간 보관해도 음료수가 상하지 않게 하기 위해
⑤ 이산화탄소가 들어가도 캔이 터지지 않게 하기 위해

# 지진의 세기를 나타내요

## 절대적

| 막다 | 절 | 絶 |
|---|---|---|
| 상대 | 대 | 對 |
| ~하는 것 | 적 | 的 |

비교되거나 맞설 만한 것이 없는 것

소음과 진동을 사람이 감지하지 못할 정도래.

## 진동

| 떨다 | 진 | 振 |
|---|---|---|
| 움직이다 | 동 | 動 |

흔들려 움직이다.

이 차가 자동차 업계의 절대적 강자로 등장했대.

과학 문명의 급격한 발달이 늘 놀라워.

## 감지

| 느끼다 | 감 | 感 |
|---|---|---|
| 알다 | 지 | 知 |

느끼어 알다.

## 급격하다

| 급하다 | 급 | 急 |
|---|---|---|
| 세차다 | 격 | 激 |

변화의 움직임 따위가 매우 급하고 세차다.

**01** 밑줄 그은 어휘의 뜻에 맞는 말을 괄호 안에서 골라 ○표를 하시오.

**1** 어머니는 우리에게 <u>절대적인</u> 사랑을 주신다.

→ 뜻 비교되거나 맞설 만한 것이 ( 있는 | 없는 ) 것

**2** 세계의 기후가 지구 온난화로 인해 <u>급격하게</u> 변하고 있다.

→ 뜻 변화의 움직임 따위가 매우 ( 느리고 | 급하고 ) 세차다.

**02** 밑줄 그은 내용과 바꾸어 쓸 수 있는 어휘를 빈칸에 쓰시오.

**1** 친구가 내 화난 기분을 <u>느끼어 아는</u> 것 같다.

↳ ☐☐한

**2** 지진으로 바닥이 심하게 <u>흔들려 움직여서</u> 제대로 서 있을 수가 없다.

↳ ☐☐해서

**03** 밑줄 그은 어휘와 뜻이 반대되는 어휘로 알맞은 것은?  [✎  ]

청소년들은 사춘기가 되면 신체적, 심리적으로 <u>급격한</u> 변화를 겪는다.

① 세찬  ② 신속한  ③ 완만한
④ 절박한  ⑤ 급작스러운

**04** 빈칸에 '급하다 급(急)' 자가 들어간 어휘를 쓰시오.

**1** 동생은 성격이 매우 ☐ 급 ☐ 해서 실수를 자주 한다.

성질이 급하다.

**2** 경찰에게 쫓기던 도둑은 ☐ 급 ☐ 하게 주위를 둘러보며 숨을 곳을 찾았다.

일이 바싹 닥쳐서 매우 급하다.

## 05 보기를 보고, 빈칸에 '이, 히, 리, 기' 중 알맞은 말을 골라 쓰시오.

> **보기**
>
> 피동 표현이란 주어가 남에 의해 동작을 하게 되는 것을 나타내는 표현이다. 동사에 접사 '-이-', '-히-', '-리-', '-기-'를 붙이면 피동 표현이 된다.
>
> <u>창문을 열다.</u> → **피동** 창문이 <u>열리다.</u>

**1** 대화를 끊다. → 대화가 끊 ⬚ 다.

**2** 사진을 찍다. → 사진이 찍 ⬚ 다.

**3** 물고기를 낚다. → 물고기가 낚 ⬚ 다.

**4** 바람이 나무를 흔들다. → 나무가 바람에 흔들 ⬚ 다.

## 06 밑줄 그은 관용 표현의 뜻으로 알맞은 것은? [✎    ]

> 방학을 앞둔 아이들이 <u>천지가 진동하도록</u> 떠들었다.

① 말에 조리가 없다.　　　　　② 소리가 매우 크다.

③ 같은 이야기를 반복하다.　　④ 속마음을 숨김없이 내뱉다.

⑤ 남이 알아듣지 못하도록 소곤대다.

## 07 밑줄 그은 한자 성어의 뜻으로 알맞은 것은? [✎    ]

> 진호: 아빠가 어릴 때 살던 동네는 어떤 곳이었어요?
>
> 아빠: 동네에 과수원이 크게 있고, 논밭이 대부분이었지. 얼마 전에 가 보니 과수원 자리에 아파트가 생기고 상가가 들어서서 동네가 몰라보게 달라졌더구나. 그 모습을 보고 '격세지감(隔世之感)'을 느꼈단다.

① 고향을 그리워하는 마음　　② 남을 불쌍히 여기는 마음

③ 효도를 다하지 못한 자식의 슬픈 마음　　④ 마음속에서 느끼는 끝이 없는 감동

⑤ 급격하게 변하여 다른 세상이 된 듯한 느낌

08~10  다음 글을 읽고, 물음에 답하시오.  과학 지구

지진은 지층이 급격한 힘을 받아 끊어지면서 그 충격으로 땅이 흔들리는 현상을 말한다. 지진의 세기는 '규모'와 '진도'라는 단위로 나타내는데, 이 둘의 차이점은 무엇일까?

규모는 지진이 일어날 때 발생하는 에너지의 양을 나타낸 것으로, 규모 1.0과 같이 아라비아 숫자로 소수 첫째 자리까지 나타낸다. 규모는 절대적 기준으로 숫자가 클수록 지진의 세기가 강력하다. 사람이 느낄 수 있는 진동은 보통 규모 2.0부터이며, 규모 7.0 이상의 큰 지진이 발생하면 건물이 무너지고 다리가 붕괴되며 땅이 갈라지는 현상이 일어난다. 그런데 지진의 규모가 같다고 해서 피해 정도가 동일한 것은 아니다. 지진이 발생한 곳과 가까운 지역일수록 지진 에너지가 더 많이 전달되어 멀리 떨어진 지역보다 더 많은 피해를 입는다. 이와 같이 지진이 일어났을 때 사람이 감지하는 느낌이나 건물의 피해를 상대적으로 나타낸 것이 '진도'이다. 그래서 지진이 일어났을 때 규모가 같더라도 관측하는 사람이 있는 지역에 따라 진도가 다른 것이다.

**08**  이 글의 핵심 내용을 파악하여 빈칸에 들어갈 알맞은 말을 쓰시오.

지진의 뜻과 지진의 [          ]를 나타내는 단위

**09**  이 글에서 알 수 있는 내용이 <u>아닌</u> 것은?  [✎    ]

① 지진이 일어나는 원인
② 지진 발생 시 대피 요령
③ 지진의 규모를 표시하는 방법
④ 사람이 느낄 수 있는 지진의 규모
⑤ 규모 7.0 이상의 지진이 일으키는 피해

**10**  이 글을 읽고 난 뒤의 반응으로 알맞은 것은?  [✎    ]

① 지진의 규모가 같으면 피해 정도도 같겠구나.
② 지진의 규모가 같으면 지역마다 진도도 같구나.
③ 규모의 숫자가 클수록 지진의 세기는 약하구나.
④ 지진이 발생한 곳과 먼 지역일수록 지진 에너지가 많이 전달되는구나.
⑤ 규모는 지진의 세기를 절대적으로, 진도는 상대적으로 나타낸 것이구나.

국어 문학

# 12 두꺼비 파리를 물고

## 빗대다

곧바로 말하지 않고 빙 둘러서 말하다.

## 위선

| 거짓 | 위 僞 |
| 착하다 | 선 善 |

겉으로만 착한 체하다. 또는 그런 짓이나 일

좋아하는 친구를
사물에 빗대어
표현해 봅시다.

내가 감자라고?
저번엔 사과처럼 예쁘다고
하더니, 다 위선이었니?

사과든 감자든 널
좋아하는 마음은
함축되어 있네, 뭐.

오해야! 감자처럼 하얗고
동글동글하다는 걸
참신하게 표현한 거야.

## 참신하다

| 매우 | 참 斬 |
| 새롭다 | 신 新 |

새롭고 산뜻하다.

## 함축

| 품다 | 함 含 |
| 간직하다 | 축 蓄 |

어떤 뜻을 겉으로 드러내지 않고 말이나 글 속에 간직하다.

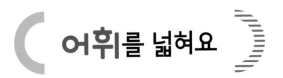

## 01 빈칸에 들어갈 알맞은 어휘를 쓰시오.

**1** 이 제품은 이전에는 없었던 ☐☐한 디자인으로 인기를 끌고 있다.

**2** 그 영화는 여러 뜻을 ☐☐하고 있어서 보는 사람마다 다르게 해석한다.

## 02 밑줄 그은 내용과 바꾸어 쓸 수 있는 어휘를 빈칸에 쓰시오.

**1** 남에게 베풀 줄 모르는 사람더러 놀부라고 빙 둘러서 말하다. ↳ ☐☐☐

**2** 그의 겉으로만 착한 체하는 행동이 결국 온 세상에 드러났다. ↳ ☐☐적인

## 03 다음 표에서 뜻이 비슷한 어휘를 골라 ◯표를 하시오.

참신하다 ------ 비슷한 뜻 | 어렵다 | 새롭다 | 평범하다

## 04 빈칸에 '새롭다 신(新)' 자가 들어간 어휘를 쓰시오.

**1** 그 가수는 이번 달에 가요계에 등장한 신☐☐이다.

예술계, 체육계 등의 분야에서 새로 등장한 사람

**2** 우리 태권도 학원에서는 신☐☐을 모집하고 있다.

새로 입학한 학생

# 어법+표현 다져요

## 05 보기를 보고, 문장에 알맞은 어휘를 괄호 안에서 골라 ○표를 하시오.

**보기**

| 드러내다 | • 가려 있거나 보이지 않던 것을 보이게 하다. |
|---|---|
| | • 알려지지 않은 사실을 보이거나 밝히다. |
| 들어내다 | 물건을 들어서 밖으로 옮기다. |

**1** 동생이 이를 ( 드러내고 | 들어내고 ) 소리 없이 웃었다.

**2** 옷장을 ( 드러내자 | 들어내자 ) 바닥에 동전이 가득했다.

**3** 영수는 자신의 감정을 겉으로 잘 ( 드러내지 | 들어내지 ) 않는다.

## 06 밑줄 그은 속담의 뜻으로 알맞은 것에 ✔표를 하시오.

철우: 저 아파트 멋지지 않아? 창문이 모두 통유리라니!

미영: 저기 사는 친구가 그러는데 햇볕이 너무 강해서 여름에 에어컨을 틀어도 시원하지가 않대. 엘리베이터도 자주 고장 나서 여간 불편한 게 아니래. 저런 건물을 빗대어 "빛 좋은 개살구"라고 하지.

| ☐ 실속 있는 게 겉도 보기 좋다. | ☐ 싼 물건 치고 좋은 것이 없다. | ☐ 겉보기에만 좋고 실속이 없다. |
|---|---|---|

## 07 다음 한자 성어를 활용한 문장으로 알맞은 것은?  [✎    ]

'표리부동(表裏不同)'은 겉과 속이 같지 않다는 뜻으로, 겉으로 드러나는 말과 행동이 속으로 가지는 생각과 다른 것을 말한다. 흔히 겉으로는 착한 체하면서 속으로는 남을 험담하거나 뒤에서 배신하는 경우처럼 진실되지 못한 음흉한 마음을 가리킨다.

① 브라질은 표리부동한 축구 강국이다.

② 내 실수로 우리 편이 실격해서 표리부동이었다.

③ 나는 한 번 한 말은 반드시 지키는 표리부동을 추구한다.

④ 피나는 노력을 하더니 기타 연주 실력이 표리부동했구나.

⑤ 친절했던 사람이 뒤에서 내 험담을 하고 다녔다니, 표리부동하다.

**08~10** 다음 글을 읽고, 물음에 답하시오.                  국어 문학

두꺼비가 파리를 물고 두엄 위에 뛰어올라 앉아

건너편 산을 바라보니 송골매가 떠 있거늘, 가슴이 섬뜩하여 펄쩍 뛰어 내달리다가 두

엄 아래에 자빠졌구나.

모처럼 날랜 나였기에 망정이지 멍들 뻔했구나.

이 작품은 작가를 알 수 없는 *사설시조로, 인간 사회의 권력 관계를 동물에 빗대어 참신하게

표현하고 있다. 두꺼비가 자기보다 힘이 약한 파리를 입에 물고 두엄(거름) 위에 앉아 있다

가 자기보다 강한 송골매를 발견한다. 두꺼비는 겁에 질려 급하게 두엄 아래로 뛰어내리다

가 자빠지고서는 자신이 재빨라서 위기에서 벗어났다며 허세를 부린다.

이 작품에 나오는 '파리, 두꺼비, 송골매'는 각각 '힘없는 백성, 부패한 양반 관리, 최고 권

력층'을 상징한다. 약자에게는 강하고, 강자에게는 약한 두꺼비의 모습을 통해 당시 양반 계

층의 횡포와 위선을 비판하려는 작가의 생각이 함축되어 있다.

* **사설시조**(말씀 辭, 말씀 說, 때 時, 고르다 調): 초장·중장이 제한 없이 길며, 종장도 길어진 시조이다. 조선 중기 이후 발
달한 것으로 서민의 삶과 감정을 담은 것이 많다.

**08** 이 글의 핵심 내용을 파악하여 빈칸에 들어갈 알맞은 말을 쓰시오.

동물에 빗대어 인간 사회의 [          ] 관계를 나타낸 사설시조

**09** ㉠에 나오는 동물이 상징하는 대상을 알맞게 선으로 이으시오.

| 1 | 파리 | • |  | • | ㉠ | 최고 권력층 |
| 2 | 두꺼비 | • |  | • | ㉡ | 힘없는 백성 |
| 3 | 송골매 | • |  | • | ㉢ | 부패한 양반 관리 |

**10** ㉠을 쓴 작가가 두꺼비를 통해 비판한 인간의 모습으로 알맞은 것은?  [ ✎     ]

① 노력하지 않는 모습                ② 은혜를 바로 잊는 모습

③ 불가능한 일을 하려는 모습          ④ 권력에 끝없이 욕심을 내는 모습

⑤ 약자에게는 강하고 강자에게는 약한 모습

# 13

사회 역사

# 해외에 있는 우리 문화재

달리기를 꾸준히 하면 체력 증진에 도움이 될까?

응. 달리기가 건강에 좋다는 건 명백한 사실이야.

## 증진

| 늘다 | 증 增 |
| 나아가다 | 진 進 |

기운이나 세력 따위를 점점 더 늘려 가고 나아가게 하다.

## 명백하다

| 밝다 | 명 明 |
| 분명하다 | 백 白 |

의심할 바 없이 아주 뚜렷하다.

그 장난감은 이 가게 소유이니 반환해야 한단다.

## 소유

| 것 | 소 所 |
| 있다 | 유 有 |

자기의 것으로 가지고 있다. 또는 그 물건

## 반환

| 되돌리다 | 반 返 |
| 돌려보내다 | 환 還 |

빌리거나 차지했던 것을 되돌려주다.

# 어휘를 넓혀요

정답과 해설 18쪽

**01** 빈칸에 공통으로 들어갈 알맞은 어휘를 쓰시오.

- 전자 기기의 성능을 확인해 보세요. 불량품은 ☐☐ 해 드립니다.
- 갑작스러운 비로 공연이 취소되자 관객들은 입장료 ☐☐ 을 요구했다.

**02** 밑줄 그은 어휘와 뜻이 비슷한 어휘를 골라 ✓표를 하시오.

우리 아버지는 넓은 논밭과 많은 가축을 <u>소유하고</u> 있다.

☐ 가지고 ☐ 개발하고 ☐ 판매하고 ☐ 저장하고

**03** 다음 표에서 뜻이 비슷한 어휘를 골라 ◯표를 하시오.

**1** 명백하다

◀ 비슷한 뜻

막연하다 | 흐릿하다 | 분명하다

**2** 증진하다

◀ 비슷한 뜻

늘리다 | 줄이다 | 감소하다

**04** 빈칸에 '늘다 증(增)' 자가 들어간 어휘를 쓰시오.

**1** 학생 수가 늘어나자 학교 건물도 증☐ 공사에 들어갔다.

이미 지어져 있는 건축물에 덧붙여 더 늘리어 짓다.

**2** 무더운 날씨가 계속되면서 음료수 소비량이 ☐증 하고 있다.

짧은 기간 안에 갑자기 늘어나다.

**05** 〔 〕 안의 말 중에서 표기가 바른 것을 골라 ○표를 하시오.

**1** 움직이지 말고 〔 가만이 / 가만히 〕 있어라.

**2** 축구에서 손을 사용하는 것은 〔 명백이 / 명백히 〕 반칙이다.

**3** 전염병을 예방하려면 무엇보다도 손을 〔 깨끗이 / 깨끗히 〕 씻어야 한다.

**06** '도로' 또는 '다시'의 뜻을 더하는 말인 '되-'가 들어간 보기 의 어휘 중 빈칸에 알맞은 어휘를 골라 쓰시오.

보기

| 되팔다 | 되살리다 | 되돌아가다 |
|---|---|---|

**1** 걸어왔던 길을 천천히 [              ].
원래 있던 곳이나 원래 상태로 도로 돌아가다.

**2** 카메라를 중고 시장에 [              ].
산 물건을 도로 팔다.

**3** 사라져 가는 우리의 전통을 [              ].
세력, 활력 따위를 다시 찾게 하다.

**07** 다음 한자 성어를 활용한 문장으로 알맞지 **않은** 것은? 〔 ✎         〕

| 明 | 若 | 觀 | 火 |
|---|---|---|---|
| 밝다 명 | 같다 약 | 보다 관 | 불 화 |

'명약관화'는 불을 보듯 분명하고 뻔하다는 뜻이다. 즉 의심할 여지가 없이 아주 뚜렷하다는 것을 강조할 때 사용한다.

① 배가 부른데 더 먹으면 체할 것이 <u>명약관화</u>하다.
② 그 커플은 성격도 비슷하고 취미도 비슷한 <u>명약관화</u>이다.
③ 공부를 안 했기 때문에 성적이 떨어질 것이 <u>명약관화</u>하다.
④ 경기가 1분도 안 남았으니 우리 팀이 이길 것이 <u>명약관화</u>하다.
⑤ 친구들끼리 놀러 가는 것을 부모님이 반대하실 게 <u>명약관화</u>하다.

**08~10** 다음 글을 읽고, 물음에 답하시오.  〔사회〕〔역사〕

우리나라는 임진왜란, 병인양요, 일제 강점기, 육이오 전쟁 등을 거치면서 수많은 문화재를 강대국에 약탈당했다. 현재까지 반환되지 못한 우리 문화재는 대략 17만여 점이나 된다고 한다. 현존하는 가장 오래된 금속 활자본인 『직지심체요절』은 현재 프랑스의 국립 도서관에 있고, 조선 회화의 걸작으로 칭송받는 안견의 「몽유도원도」는 엉뚱하게도 일본의 문화재로 등록되어 있다.

우리나라는 광복 이후부터 해외에 있는 문화재를 되찾으려 노력하고 있지만, 명백한 우리나라 소유의 문화재일지라도 유출된 문화재를 되찾아오는 일은 쉽지 않다. 정부는 문화재청에 '국외 소재 문화재 재단'을 만들어 해외에 유출된 우리 문화재를 조사하고, 국가 간 협력을 증진하여 문화재를 되찾는 일에 힘쓰고 있다. 정부의 노력만큼이나 국민들의 노력도 중요하다. 해외에 있는 우리 문화재가 우리나라로 다시 돌아올 수 있도록 국민 모두가 이 문제에 지속적인 관심을 가져야 한다.

**08** 이 글의 핵심 내용을 파악하여 빈칸에 들어갈 알맞은 말을 쓰시오.

해외에 유출된 우리 〔          〕와 이를 되찾으려는 노력

**09** 이 글의 내용과 일치하지 않는 것은?  〔 ✎    〕

① 유출된 문화재를 되찾아오는 일은 쉽지 않다.
② 『직지심체요절』은 정부의 노력으로 반환되었다.
③ 안견의 「몽유도원도」는 일본의 문화재로 등록되어 있다.
④ 현재 해외에 있는 우리 문화재는 대략 17만여 점이나 된다.
⑤ 우리나라는 전쟁을 거치면서 수많은 문화재를 강대국에 빼앗겼다.

**10** 이 글을 읽고 글쓴이와 비슷한 의견을 말한 사람을 쓰시오.

민호: 문화재 반환으로 갈등을 일으키면 전쟁이 일어날 수 있으니 조심해야 해.
유진: 해외로 유출된 우리 문화재에 관심을 가지고 돌려받을 수 있도록 노력해야겠어.
수미: 우리나라 문화재를 잘 보존하기만 하면 세계 어느 나라에 있든 상관없다고 봐.

〔 ✎    〕

# 14 바이러스를 물리쳐요

## 침투

| 스며들다 | 침 | 浸 |
|---|---|---|
| 통하다 | 투 | 透 |

세균이나 병균 따위가 몸속에 들어오다.

## 투여

| 주다 | 투 | 投 |
|---|---|---|
| 주다 | 여 | 與 |

환자에게 약 따위를 먹게 하거나 주사하다.

## 저항

| 겨루다 | 저 | 抵 |
|---|---|---|
| 막다 | 항 | 抗 |

어떤 힘이나 조건에 굽히지 않고 맞서거나 버티다.

## 대응

| 상대하다 | 대 | 對 |
|---|---|---|
| 응하다 | 응 | 應 |

어떤 일이나 상황에 맞추어 태도나 행동을 취하다.

## 01 밑줄 그은 내용과 바꾸어 쓸 수 있는 어휘를 빈칸에 쓰시오.

**1** 진통제를 주사하자 고통이 서서히 사라졌다.

↳ [ ][ ]하자

**2** 세균이 몸속에 들어오는 것을 막으려면 손과 발을 깨끗이 씻어야 한다.

↳ [ ][ ]하는

## 02 밑줄 그은 어휘와 뜻이 비슷한 어휘를 골라 ✓표를 하시오.

독립운동가들은 목숨을 아끼지 않고 일본 경찰에게 강력히 저항했다.

☐ 맞섰다          ☐ 움직였다          ☐ 복종했다          ☐ 제외했다

## 03 밑줄 그은 어휘가 어떤 뜻으로 쓰였는지 알맞게 선으로 이으시오.

**1** 급변하는 사회에 빠르게 대응하는 자세가 필요하다. •

• ㉠ 어떤 일이나 상황에 맞추어 태도나 행동을 취하다.

**2** 국어사전에서 뜻이 대응하는 단어가 무엇이 있는지 찾아보았다. •

• ㉡ 어떤 두 대상이 주어진 어떤 관계에 의해 서로 짝이 되다.

## 04 빈칸에 '응하다 응(應)' 자가 들어간 어휘를 쓰시오.

**1** 소희는 내가 한 말에 민감하게 [ ]응 했다.

어떤 자극에 대하여 일정한 태도를 보이다.

**2** 몇 번을 불러도 방 안에서는 아무 응[ ]도 없었다.

부름이나 물음에 대한 대답

# 어법+표현 다져요

## 05 보기를 보고, 문장에 알맞은 어휘를 괄호 안에서 골라 ○표를 하시오.

> **보기**
>
> **맞히다** : 침, 주사 따위로 치료를 받게 하다.
>
> **맞추다** : 사물을 알맞은 자리에 끼워 넣다.

**1** 아이들이 퍼즐 조각들을 ( 맞히고 | 맞추고 ) 있다.

**2** 아들의 독감 주사를 ( 맞히러 | 맞추러 ) 보건소에 갔다.

## 06 보기를 보고, 빈칸에 '-게 하다'가 들어간 어휘를 쓰시오.

> **보기**
>
> | 아이가 약을 먹다. | → | 엄마가 아이에게 약을 먹게 하다. |
>
> 아이가 혼자 힘으로 약을 먹다.　　　　엄마가 아이에게 약을 먹도록 시키다.

**1** 얼음이 녹다. ➡ 불이 얼음을 [          ].

**2** 동생이 책을 읽다. ➡ 오빠가 동생에게 책을 [          ].

**3** 당나귀가 짐을 지다. ➡ 주인이 당나귀에게 짐을 [          ].

## 07 밑줄 그은 부분에 들어갈 한자 성어로 알맞은 것은?　　　　[ 🖉 　　]

> 이 한자 성어는 '그때그때 처한 상황에 대응하여 그 자리에서 결정하거나 처리하다.'를 뜻한다. 예를 들어 '화상을 입었을 때 얼음으로 찜질을 하는 것은 _____일 뿐 근본적인 치료가 될 수 없다.'와 같이 쓰인다.

① 안하무인(眼下無人)　　　　② 발본색원(拔本塞源)

③ 자초지종(自初至終)　　　　④ 임기응변(臨機應變)

⑤ 경거망동(輕擧妄動)

08~10  다음 글을 읽고, 물음에 답하시오.    과학 생물

독감은 바이러스가 원인이 되어 걸리는 병이다. 우리 몸에는 독감 말고도 소아마비, 광견병 등 질병을 일으키는 다양한 바이러스가 침투할 수 있다. 바이러스는 스스로의 힘으로 살아가지 못하고 다른 생명체에 붙어살며, 사람을 비롯한 동식물 따위의 세포 안에서 그 수를 늘려 간다. 또 크기가 매우 작아서 동물의 배설물이나 물, 공기 등을 통해 쉽게 퍼질 수 있다.

다행히 우리 몸은 낯선 물질이 들어오면 그 물질에 저항한다. 그래서 몸속에 들어온 바이러스를 제거할 수 있는 물질(항체)을 만들어 우리 몸을 안전하게 보호한다. 항체는 한 번 싸운 바이러스를 기억하고 다음에는 같은 병에 걸리지 않게 작용하는데, 이를 '면역'이라고 한다. 하지만 항체는 바이러스가 몸속에 들어온 이후에야 만들어진다. 그래서 병에 걸리기 전에 약한 바이러스를 몸에 넣어 진짜 바이러스가 들어왔을 때 그에 대응할 항체를 만들기 쉽도록 한다. 이처럼 전염병에 대하여 인공적으로 면역이 생기도록 우리 몸에 투여하는 약한 바이러스가 바로 '백신'이다.

## 08  이 글의 핵심 내용을 파악하여 빈칸에 들어갈 알맞은 말을 쓰시오.

바이러스를 예방할 수 있게 하는 ☐☐☐☐☐

## 09  바이러스에 대한 설명으로 알맞지 <u>않은</u> 것은?    [ ✎    ]

① 크기가 매우 작다.
② 우리 몸에 침투하여 각종 질병을 일으킨다.
③ 동물의 배설물이나 물, 공기 등을 통해 쉽게 퍼진다.
④ 다른 생명체에 의지하지 않고 스스로의 힘으로 산다.
⑤ 사람을 비롯한 동식물의 세포 안에서 그 수를 늘려 간다.

## 10  이 글을 읽고 나서 반응이 알맞은 사람을 쓰시오.

진희: 항체는 한 번 싸운 바이러스에 또 당하는 습성이 있구나.
수아: 우리 몸은 낯선 물질이 들어오면 저항하지 않고 받아들이는구나.
기성: 백신을 투여하면 우리 몸은 진짜 바이러스가 들어온 줄 알고 항체를 만들겠구나.

[ ✎    ]

사회 법

# 시시 티브이를 설치해야 할까

## 감시

| 살피다 | 감 監 |
| 보다 | 시 視 |

단속하기 위하여 주의 깊게 살피다.

## 설치

| 베풀다 | 설 設 |
| 두다 | 치 置 |

어떤 일을 하는 데 필요한 기관이나 설비 따위를 베풀어 두다.

현관문 앞에 감시 카메라를 설치할까 하는데, 형 생각은 어때?

그래. 자꾸 자전거를 도난당해서 걱정이었는데, 이제 안심할 수 있겠어.

## 도난

| 도둑 | 도 盜 |
| 재앙 | 난 難 |

도둑에게 물건을 잃는 일

## 안심

| 편안하다 | 안 安 |
| 마음 | 심 心 |

모든 걱정을 떨쳐 버리고 마음을 편히 가지다.

64

**01** 밑줄 그은 내용과 바꾸어 쓸 수 있는 어휘를 빈칸에 쓰시오.

**1** 도둑에게 물건을 <u>잃는</u> 사건이 일어나서 경찰이 조사를 하고 있다.

↳ ☐☐

**2** 일본 경찰들은 독립운동가들의 움직임을 <u>단속하기 위하여 주의 깊게 살폈다.</u>

↳ ☐☐했다.

**02** 빈칸에 공통으로 들어갈 알맞은 말을 쓰시오.

• 컴퓨터를 ☐☐ 하기 전에 책상 위의 물건들을 치웠다.

• 무대 위에는 주인공을 비추는 화려한 조명들이 ☐☐되어 있다.

**03** 다음 표에서 뜻이 비슷하거나 반대되는 어휘를 골라 ○표를 하시오.

| 위기 | 안도 | 배려 | --- 비슷한 뜻 --- | 안심 | --- 반대의 뜻 --- | 휴식 | 안정 | 걱정 |

**04** 빈칸에 '보다 시(視)' 자가 들어간 어휘를 쓰시오.

**1** 동생은 상점 앞에서 장난감에 ☐시☐을 떼지 못하고 서 있다.

눈이 가는 길 또는 눈의 방향

**2** 지금까지 저희 프로그램을 ☐시☐해 주셔서 대단히 고맙습니다.

눈으로 보고 귀로 듣다.

## 05 보기를 보고, 빈칸에 들어갈 알맞은 어휘를 쓰시오.

보기

잔치를 베풀다. ➡ 잔치를 베풂.

베풀(다) + -ㅁ ➡ 베풂

1 만들(다) + -ㅁ ➡ 음식을 [          ].

2 알(다) + -ㅁ ➡ 새로 나온 노래를 [          ].

3 빌(다) + -ㅁ ➡ 보름달을 보고 소원을 [          ].

## 06 밑줄 그은 부분에 들어갈 속담으로 알맞은 것은?  [✎     ]

준희: 어제 사물함에 있는 물건을 모두 도난당했어. 아무래도 자물쇠를 달아 놔야겠어.

승아: 소 잃고 외양간 고친다고 소를 도난당하고 나서야 외양간을 고치면 무슨 소용이겠어? 평소에 미리미리 대비하며 살아야지.

준희: "_____"라는 말은 못 들었니? 아무리 조심해서 감시하거나 예방해도 갑자기 생기는 불행은 막기가 어려운 일이라고.

① 도둑이 제 발 저리다

② 바늘 도둑이 소도둑 된다

③ 도둑질을 해도 손발이 맞아야 한다

④ 지키는 사람 열이 도둑 하나를 못 당한다

⑤ 늦게 시작한 도둑이 새벽 다 가는 줄 모른다

## 07 밑줄 그은 한자 성어의 뜻으로 알맞은 것에 ✓표를 하시오.

• 그는 자신이 거짓말한 것을 들킬까 봐 좌불안석(坐不安席)이었다.

• 그에게 좌불안석(坐不安席)인 이유를 물어보니 화장실이 급하다고 했다.

☐ 안심하고 있는 도중에 뜻밖의 사고가 일어나다.

☐ 안심이 되지 않아 자리에 가만히 앉아 있지 못하다.

☐ 믿는 구석이 있어 마음이 든든하고 믿음직스럽게 안심되다.

정답과 해설 **20쪽**

**08~10** 다음 글을 읽고, 물음에 답하시오.

사회 법

사회자: 이번 토론 주제는 '학교 안에 시시 티브이(CCTV)를 설치해야 할까?'입니다. 먼저 찬성 측인 이지은 학생이 발표해 주십시오.

이지은: 저는 학교 곳곳에 시시 티브이를 설치해야 한다고 생각합니다. 시시 티브이가 있으면 학교에서 발생하는 사고를 사전에 예방할 수 있고 범죄 발생률을 줄일 수 있습니다. 혹시 도난 사고가 발생하더라도 시시 티브이 녹화 화면을 증거 자료로 활용할 수 있습니다. 부모님들도 더욱 안심하고 자녀를 학교에 보낼 수 있을 것입니다.

사회자: 다음은 반대 측인 송민재 학생이 발표해 주십시오.

송민재: 저는 학교 안에 시시 티브이를 설치하는 것에 반대합니다. 시시 티브이는 학생들의 사생활을 침해하는 것이며, 학생들은 자신의 행동 하나하나가 감시당하는 기분이 들 것입니다. 또 시시 티브이가 닿지 않는 사각지대가 있어 모든 사고를 예방할 수는 없습니다. 시시 티브이를 설치할 비용으로 범죄 예방 교육이나 인성 교육, 심리 상담 등을 확대해 학교 내 사고를 근본적으로 해결하는 것이 옳다고 생각합니다.

**08** 이 글의 핵심 내용을 파악하여 빈칸에 들어갈 알맞은 말을 쓰시오.

{ 〔　　　　　〕 안에 시시 티브이를 설치해야 하는가에 대한 찬반 의견 }

**09** 지은이가 자신의 주장을 뒷받침하는 근거로 든 것이 <u>아닌</u> 것은?　[✎　　]

① 범죄 발생률을 줄일 수 있다.
② 학생들의 모든 행동을 감시하고 통제할 수 있다.
③ 학교에서 발생하는 사고를 사전에 예방할 수 있다.
④ 부모님들이 안심하고 자녀를 학교에 보낼 수 있다.
⑤ 시시 티브이 녹화 화면을 도난 사고의 증거 자료로 쓸 수 있다.

**10** 민재가 자신의 주장에 덧붙여 제안한 내용으로 알맞은 것의 기호를 쓰시오.

┌──────────────────────────────────────┐
│ ㉠ 시시 티브이를 설치하는 대신 학생들이 서로를 감시하자. │
│ ㉡ 시시 티브이 설치 비용으로 범죄 예방 교육이나 심리 상담 등을 확대하자. │
│ ㉢ 시시 티브이가 닿지 않는 사각지대가 없도록 촘촘히 시시 티브이를 설치하자. │
└──────────────────────────────────────┘

[✎　　]

## 16

수학 수

# 에라토스테네스의 체

## 나열

| 벌여 놓다 | 나 | 羅 |
|---|---|---|
| 나란히 서다 | 열 | 列 |

나란히 벌여 놓다.

## 거르다

찌꺼기나 건더기가 있는 액체를 체나 거름종이에 올려 액체만 받아 내다.

우선 요리 재료들을 나열해 놓고, 그다음에 쌀가루를 체에 거르면 돼.

이 요리책 봤어? 난 이 책을 기반으로 새로운 요리법을 만들어서 요리사로 명성을 날리고 싶어.

○○요리 학원

## 기반

| 기초 | 기 | 基 |
|---|---|---|
| 바탕 | 반 | 盤 |

기초가 되는 바탕 또는 사물의 기초가 되는 것

## 명성

| 이름 | 명 | 名 |
|---|---|---|
| 소리 | 성 | 聲 |

세상에 널리 퍼져 좋은 평가를 받는 이름

**01** 빈칸에 들어갈 알맞은 어휘를 쓰시오.

**1** 나는 베토벤처럼 ☐☐이 높은 작곡가가 되고 싶다.

**2** 병원 게시판에는 접수한 환자 순서대로 이름이 ☐☐되어 있다.

**02** 밑줄 그은 어휘의 뜻을 보기 에서 골라 알맞은 기호를 쓰시오.

> 보기
> ㉠ 차례대로 나아가다가 중간에 어느 순서나 자리를 빼고 넘기다.
> ㉡ 찌꺼기나 건더기가 있는 액체를 체나 거름종이에 올려 액체만 받아 내다.

**1** 국화차를 마실 때에는 꽃잎을 <u>거른</u> 후 먹는다. [ ✎ ☐ ]

**2** 진수는 오늘 점심을 <u>거른</u> 후여서 배가 많이 고팠다. [ ✎ ☐ ]

**03** 빈칸에 들어갈 어휘로 알맞지 <u>않은</u> 것을 골라 ○표를 하시오.

> 신라의 선덕 여왕은 삼국 통일의 ☐☐을 다졌다.

| 기반 | 기초 | 바탕 | 목적 |

**04** '명(名)' 자가 들어간 보기 의 어휘 중 빈칸에 알맞은 어휘를 골라 쓰시오.

> 보기
> 지명(땅 地, 이름 名)    명소(이름 名, 장소 所)    유명(있다 有, 이름 名)

> 지훈: 우리 마을은 까치가 많기로 ❶ ☐☐해.
> 　　　　　　　　　　　　　　이름이 널리 알려져 있다.
> 은지: 그래서 ❷ ☐☐이 까치마을이구나.
> 　　마을이나 지방, 산천, 지역 따위의 이름
> 지훈: 가을이면 산에 단풍이 예쁘게 드는 우리 마을은 관광 ❸ ☐☐이기도 하지.
> 　　　　　　　　　　　　　　　　　이름이 널리 알려진 경치나 유적

## 05 보기를 보고, 빈칸에 들어갈 알맞은 어휘를 쓰시오.

**보기**

| 거르(다) | + | -어 | → | 걸러 |

**1** 흐르(다) + -어 → 시간이 빠르게 [ ] 가다.

**2** 구르(다) + -어 → 공이 데굴데굴 [ ] 가다.

**3** 부르(다) + -어 → 지나가는 친구를 [ ] 보다.

## 06 보기를 보고, 괄호 안에서 알맞은 어휘를 골라 ○표를 하시오.

**보기**

벌이다 : 어떤 일을 계획하여 시작하다. 여러 가지 물건을 늘어놓다.

벌리다 : 둘 사이를 넓히거나 멀게 하다.

**1** 줄 간격을 ( 벌이다 | 벌리다 ).

**2** 하품이 나서 입을 ( 벌이다 | 벌리다 ).

**3** 가방에 넣을 물건을 바닥에 ( 벌이다 | 벌리다 ).

**4** 할아버지의 팔순 생신을 맞아 잔치를 ( 벌이다 | 벌리다 ).

## 07 밑줄 그은 부분에 들어갈 한자 성어로 알맞은 것에 ✓표를 하시오.

홍길동은 홍 판서와 그의 시중을 드는 종 사이에서 태어난 아들이다. 길동은 과거에 급제하여 _____하는 꿈을 이루고 싶었으나 신분이 천하다는 이유로 홍 판서를 아버지라 부르지 못하고, 과거 시험을 볼 기회도 주어지지 않았다.

☐ 명불허전(名不虛傳)
명성이 퍼지게 될 만한 까닭이 있다.

☐ 명실상부(名實相符)
이름과 실제 모양이나 상태가 서로 꼭 맞다.

☐ 입신양명(立身揚名)
사회적으로 높은 지위에 올라 명성을 떨치다.

**08~10** 다음 글을 읽고, 물음에 답하시오.  수학 수

　흔히 말하는 소수(小數)는 일의 자리보다 작은 자릿값을 갖는 0.1 같은 수이다. 그런데 또 다른 소수(素數)가 있다. 여기서 말하는 소수는 '1과 그 수 자신 외의 어떤 수로도 나누어지지 않는 수'를 말한다. 고대 그리스의 수학자인 에라토스테네스는 이와 같은 소수를 찾는 방법을 발견했다. 그가 제시한 방법은 수를 늘어놓고 소수만 남기는 것이 체로 걸러 내는 것과 같다고 해 '에라토스테네스의 체'라고 부른다.

　예를 들어 1부터 50까지에서 소수를 찾아보기로 하자. 일단 1부터 50까지 수를 나열하여 적는다. 1은 소수가 아니므로 지우고, 2만 남기고 2의 배수들을 지운다. 다시 3만 남기고 3의 배수들을 지운다. 이와 같은 방법으로 숫자들을 지우고 남은 'ⓐ2, 3, 5, 7, 11, 13, 17……'이 소수이다. 요즘 인터넷 거래에서 사용하는 암호는 소수를 기반으로 만들어지므로 소수가 더 중요해졌지만 이보다 더 나은 소수를 찾는 방법이 없다. 그러므로 에라토스테네스보다 더 쉽게 소수를 찾는 방법을 알아낸다면 수학자로서 명성을 얻게 될 것이다.

**08** 이 글의 핵심 내용을 파악하여 빈칸에 들어갈 알맞은 말을 쓰시오.

{　　'에라토스테네스의 체'로 ☐☐를 찾는 방법　　}

**09** 이 글의 내용으로 알맞지 <u>않은</u> 것은?  [✎　　]

① 가장 작은 수의 소수는 1이다.
② 소수(小數)와 소수(素數)는 다른 개념이다.
③ 인터넷 거래에 사용하는 암호는 소수를 기반으로 만들어진다.
④ 2는 1과 자기 자신인 2 말고는 어떤 수로도 나누어지지 않는다.
⑤ '에라토스테네스의 체'는 수를 나열한 뒤 소수만 남기는 방법이다.

**10** ⓐ에서 17 다음에 찾을 수 있는 소수인 것은?  [✎　　]

① 18　　　　② 19　　　　③ 20
④ 21　　　　⑤ 22

# 17

사회 법

# 국민으로서 꼭 해야 할 일

근로 조건도 괜찮고 임금도 높네.
한번 지원해 볼까?

## 고용

| 부리다 | 고 | 雇 |
| 쓰다 | 용 | 用 |

돈이나 물건을 주고 사람을
부리다.

## 근로

| 부지런하다 | 근 | 勤 |
| 일하다 | 로 | 勞 |

부지런히 일하다.

## 임금

| 품삯 | 임 | 賃 |
| 돈 | 금 | 金 |

일한 대가로 주거나 받는 돈

## 국방

| 나라 | 국 | 國 |
| 막다 | 방 | 防 |

외국의 침입이나 위협으로
부터 나라를 지키는 일

국방을 튼튼히 하는 것은
무엇보다도 중요해!

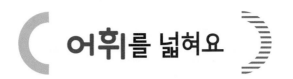 어휘를 넓혀요

정답과 해설 22쪽

**01** 밑줄 그은 어휘의 뜻에 맞는 말을 괄호 안에서 골라 ◯표를 하시오.

**1** <u>국방</u>을 튼튼히 해야 국민들이 마음 편하게 지낼 수 있다.

→ 뜻 외국의 침입이나 위협으로부터 나라를 ( 되찾는 | 지키는 ) 일

**2** 히말라야 등산대는 현지 사람을 안내자로 <u>고용해서</u> 산을 올랐다.

→ 뜻 돈이나 물건을 ( 주고 | 받고 ) 사람을 부리다.

**02** 다음 표에서 뜻이 비슷한 어휘를 골라 ◯표를 하시오.

근로 ------ 비슷한 뜻 --- 노동 | 의무 | 휴식

**03** 밑줄 그은 내용과 바꾸어 쓸 수 있는 어휘를 골라 ✔표를 하시오.

회사가 근로자들에게 <u>일한 대가로 주는 돈</u>을 지급했다.

☐ 벌금　　☐ 임금　　☐ 목돈　　☐ 예금

**04** 뜻과 예문을 보고, 빈칸에 들어갈 알맞은 글자를 쓰시오.

**1** 국 (나라 國) + ☐ { 뜻 나라의 이익
예문 게임 산업은 _____ 에 크게 기여하고 있다.

**2** 방 (막다 防) + ☐ { 뜻 싸움이나 경기에서 상대편의 공격을 막다.
예문 상대의 발차기에 _____ 자세를 취했다.

# 어법+표현 다져요

## 05
**보기**를 보고, 밑줄 그은 어휘의 발음이 바른 것을 [　] 안에서 골라 ○표를 하시오.

> **보기**
>
> 우리말에서는 'ㄴ'과 'ㄹ'이 만날 때, 앞말의 받침 'ㄴ'이 뒷말의 'ㄹ' 앞에서 'ㄹ'로 소리 난다.
>
> 난로　➡　[날로]

**1** 근로[ 근노 ┃ 글로 ] 환경이 개선되어 일하기 편해졌다.

**2** 지난 가을에는 가족과 대관령[ 대관녕 ┃ 대괄령 ]에 갔다.

**3** 자연환경은 후손들에게 물려주어야 할 인류[ 인뉴 ┃ 일류 ]의 재산이다.

## 06
밑줄 그은 내용과 뜻이 비슷한 관용 표현으로 알맞은 것은?　[　　]

> 반장은 우리 반을 위해 부지런히 일하는 편이라 학급 일이 원활하게 돌아간다. 또한 일하는 것이 빈틈없고 꼼꼼해서 반 친구들이 모두 반장을 따르고 좋아한다.

① 손에 익다　　　② 손이 작다　　　③ 손을 잡다

④ 손에 잡히다　　⑤ 손끝이 여물다

## 07
다음 한자 성어를 활용하여 나타낼 수 있는 인물이 **아닌** 것은?　[　　]

> '살신성인(殺身成仁)'은 자신의 몸을 희생해서 옳은 일을 행하는 것을 말한다. 다른 사람을 위해 봉사하거나, 나라를 지키기 위해 자신을 희생한 위인을 가리켜 살신성인의 정신을 갖고 있다고 말한다.

① 장애를 극복하고 열심히 노력하여 성공한 헬렌 켈러

② 나라를 지키기 위해 일본의 침략에 맞서 싸운 이순신

③ 독립을 위해 이토 히로부미를 사살하고 순국한 안중근

④ 백성들을 위해 밤낮으로 고생하여 훈민정음을 만든 세종 대왕

⑤ 아프리카에 병원을 세워 전염병으로 고통받는 원주민들을 치료한 슈바이처

**08~10** 다음 글을 읽고, 물음에 답하시오.

사회 법

  헌법은 법 중에서 가장 기본이 되는 법으로, 국민의 자유와 권리를 보장하기 위해 만든 법이다. 헌법은 국민이 누려야 할 권리뿐만 아니라 우리나라 ㉠국민으로서 지켜야 할 의무를 제시하고 있다. 교육, 근로, 납세, 국방, 환경 보전의 의무가 그것이다.

  교육의 의무는 국민이 자녀가 잘 성장할 수 있도록 교육을 받게 할 의무이다. 국민은 자녀에게 적어도 초등 교육과 법률이 정한 교육을 받게 할 의무가 있다. 근로의 의무는 국민이 개인과 나라의 발전을 위해 일할 의무이다. 이를 위해 국가는 근로자의 고용 증진과 적정한 수준의 임금을 보장하도록 노력해야 한다. 납세의 의무는 국민이 소득을 얻은 만큼 나라에 세금을 내야 하는 의무이다. 국방의 의무는 국민이 우리 모두의 안전을 위해 나라를 지킬 의무이고, 환경 보전의 의무는 국민, 기업, 국가가 환경을 보호하기 위해 노력할 의무이다. 국민들이 법으로 보장되는 권리를 누리는 동시에 의무를 실천하는 일은 자신뿐만 아니라 다른 사람의 권리를 보장하고, 나라를 유지하고 발전시키는 바탕이 된다.

**08** 이 글의 핵심 내용을 파악하여 빈칸에 들어갈 알맞은 말을 쓰시오.

  우리나라의 〔          〕으로서 지켜야 할 의무

**09** 헌법에 대한 설명으로 알맞지 <u>않은</u> 것에 ✓표를 하시오.

① ☐ 법 중에서 가장 기본이 되는 법이다.

② ☐ 국민의 자유와 권리를 보장하기 위해 만들어졌다.

③ ☐ 우리나라 국민으로서 지켜야 할 의무만을 제시한다.

**10** ㉠의 각 의무와 그 내용을 바르게 연결한 것은?  〔 ✎     〕

① 교육의 의무 – 국민이 세금을 내야 할 의무

② 환경 보전의 의무 – 국민이 개인과 나라의 발전을 위해 일할 의무

③ 국방의 의무 – 국민이 우리 모두의 안전을 위해 나라를 지킬 의무

④ 근로의 의무 – 국민, 기업, 국가가 환경을 보호하기 위하여 노력할 의무

⑤ 납세의 의무 – 국민이 자녀가 잘 성장할 수 있도록 교육을 받게 할 의무

# 18

국어 문학

## 소설 속 인물들

### 부도덕

| 아니다 | 부 不 |
|---|---|
| 도리 | 도 道 |
| 도덕 | 덕 德 |

어떠한 일이나 행동이 도덕에 어긋나다.

### 대변

| 대신하다 | 대 代 |
|---|---|
| 말씀 | 변 辯 |

어떤 사람이나 단체를 대신하여 그의 의견이나 태도를 나타내다.

내 친구가 길에 쓰레기를 버리는 건 부도덕한 일이라고 그러지 말래.

알았어. 근데 왜 네가 친구의 말을 대변하니?

강아지들이 대립하는 거 아냐?

꼬리를 잘 봐. 싸우려는 게 아니라 놀고 싶다는 걸 암시하고 있어.

### 대립

| 대하다 | 대 對 |
|---|---|
| 서다 | 립 立 |

의견이나 처지, 위치 따위가 서로 반대되거나 어긋나다.

### 암시

| 숨기다 | 암 暗 |
|---|---|
| 알리다 | 시 示 |

명확히 드러내지 않고 넌지시 알리다.

**01** 밑줄 그은 내용과 바꾸어 쓸 수 있는 어휘를 빈칸에 쓰시오.

**1** 두 사람의 의견이 <u>서로 반대되면서</u> 결론이 나지 않고 있다.

↳ ☐☐ 되면서

**2** 국회 의원은 국민을 <u>대신하여 그의 의견이나 태도를 나타내는</u> 역할을 한다.

↳ ☐☐ 하는

**02** 밑줄 그은 어휘와 뜻이 비슷한 어휘로 알맞은 것은?  [ ✎    ]

이 소설에는 비극적인 결말을 <u>암시하는</u> 장치가 곳곳에 깔려 있다.

① 뜻하는    ② 감추는    ③ 숨기는    ④ 강조하는    ⑤ 공개하는

**03** 빈칸에 공통으로 들어갈 알맞은 어휘를 골라 ✔표를 하시오.

• 노예를 사고파는 행위는 ☐☐☐☐ 한 행위이다.

• '스캔들'은 매우 충격적이고 ☐☐☐☐ 한 사건이나 소문을 뜻한다.

☐ 불가능    ☐ 부도덕    ☐ 부정확    ☐ 불규칙

**04** 뜻과 예문을 보고, 빈칸에 들어갈 알맞은 글자를 쓰시오.

**1** 대 (대신하다 代) + ☐

> **뜻** 남을 대신하여 행하다.
> **예문** 여행사에서는 비행기표와 호텔 예약을 ＿＿＿ 해 준다.

**2** 변 (말씀 辯) + ☐

> **뜻** 어떤 잘못에 대하여 핑계를 대며 그 까닭을 말하다.
> **예문** ＿＿＿ 같지만 그동안 바빠서 찾아뵙지 못했습니다.

## 어법+표현 다져요

**05** 보기를 보고, 〔 〕 안의 말 중에서 표기가 바른 것을 골라 ○표를 하시오.

> **보기**
>
> '不'은 'ㄷ', 'ㅈ'으로 시작하는 어휘 앞에 붙으면 '부'로, 그밖의 경우에는 '불'로 쓴다.

**1** 내 사전에 〔 부가능(不可能) / 불가능(不可能) 〕은 없다.

**2** 〔 부도덕(不道德) / 불도덕(不道德) 〕한 사람이 벌을 받는 것은 당연하다.

**3** 동생의 발음이 〔 부정확(不正確) / 불정확(不正確) 〕하여 알아듣기 힘들다.


**06** 보기의 어휘에 '사람'의 뜻을 더해 주는 말인 '-인(人)'을 붙여 빈칸에 알맞은 말을 쓰시오.

> **보기**
>
> 대변        언론        직장

**1** 그 기자는 진실과 사실만을 보도하는 양심적인 〔          〕이다.

신문이나 방송 등에 사실이나 생각을 밝히는 일을 하는 사람

**2** 형은 대학을 졸업하자마자 회사에 들어가 〔          〕이 되었다.

규칙적으로 직장을 다니면서 임금을 받아 생활하는 사람

**3** 청와대 〔          〕은 두 대통령의 만남이 예정보다 빨라질 것이라고 말했다.

어떤 사람이나 단체를 대신하여 의견이나 태도를 나타내는 일을 맡은 사람


**07** 밑줄 그은 관용 표현의 뜻으로 알맞은 것에 ✔표를 하시오.

> • 우리 마을에 쓰레기장은 절대 들어올 수 없다고 <u>쌍지팡이를 짚고 나서다</u>.
> • 발표 주제를 '케이 팝'으로 하자는 의견에 민호가 <u>쌍지팡이를 짚고 나서다</u>.

☐ 사람들 간의 대립이 사그라들다.

☐ 대립이 시작되고 있음을 넌지시 알리다.

☐ 어떤 일에 대해 적극적으로 대립하고 나서다.

08~10 다음 글을 읽고, 물음에 답하시오.                                  국어  문학

> ㉠소설에 등장하는 인물은 몇 가지 기준에 따라 분류할 수 있다. 먼저 중요한 정도에 따라 주요 인물과 주변 인물로 나눌 수 있다. 주요 인물은 사건을 이끌어 가는 중심인물이고, 주변 인물은 사건의 진행을 돕고 주요 인물을 돋보이게 하는 인물이다.
>
> 두 번째로 역할에 따라 주동 인물과 반동 인물로 나눌 수 있다. 주동 인물은 작품에서 작가가 말하고자 하는 주제를 대변하는 인물이다. 주동 인물은 주제를 대사로 직접 드러내기도 하고, 행동을 통해 암시하기도 한다. 반동 인물은 주동 인물과 대립하는 인물로, 주동 인물과 갈등을 일으키는 역할을 한다. 이때 반드시 주동 인물이 선한 인물로 그려지는 것은 아니며, 부도덕한 인물이 주동 인물로 등장하기도 한다.
>
> 세 번째로 성격의 변화에 따라 평면적 인물과 입체적 인물로 나눌 수 있다. 평면적 인물은 소설에서 성격이 거의 변화하지 않는 인물이고, 입체적 인물은 상황이나 환경에 따라 성격이 변화하고 발전하는 인물이다.

**08** 이 글의 핵심 내용을 파악하여 빈칸에 들어갈 알맞은 말을 쓰시오.

소설에 등장하는 [          ]의 유형

**09** ㉠을 나누는 기준과 그렇게 나뉜 내용이 바르게 연결된 것은?                [ ✎    ]

① 역할에 따라 - 반동 인물, 주변 인물
② 역할에 따라 - 주동 인물, 입체적 인물
③ 중요한 정도에 따라 - 주요 인물, 반동 인물
④ 성격의 변화에 따라 - 평면적 인물, 주변 인물
⑤ 성격의 변화에 따라 - 평면적 인물, 입체적 인물

**10** 주동 인물에 대한 설명으로 알맞은 것은?                                 [ ✎    ]

① 항상 선한 인물로 그려진다.
② 성격이 변하지 않는 인물이다.
③ 사건의 진행을 돕는 인물이다.
④ 주요 인물을 돋보이게 하는 인물이다.
⑤ 작가가 말하고자 하는 주제를 대변하는 인물이다.

과학 생물

# 19 생태계를 파괴하는 생물들

## 토종

| 흙 | 토 土 |
| 씨 | 종 種 |

동물이나 식물이 본디 그 지역에서 나거나 자라는 종류

## 감소

| 덜다 | 감 減 |
| 적다 | 소 少 |

양이나 수치가 줄다.

불법으로 사냥하는 사람들 때문에 토종 동물의 수가 크게 감소했다고 해.

보호해야 할 동물을 판매하려는 의도로 포획하는 행위는 엄벌에 처해야 해.

## 의도

| 뜻 | 의 意 |
| 꾀하다 | 도 圖 |

무엇을 하고자 생각하거나 계획하다.

## 포획

| 잡다 | 포 捕 |
| 얻다 | 획 獲 |

짐승이나 물고기를 잡다.

## 01 빈칸에 공통으로 들어갈 알맞은 어휘를 쓰시오.

- 진돗개는 한국의 대표적인 ☐☐개이다.

- 이 식당은 ☐☐ 농산물을 사용하여 요리한다.

## 02 밑줄 그은 어휘와 뜻이 비슷한 어휘를 괄호 안에서 골라 ◯표를 하시오.

**1** 밭에 내려온 멧돼지를 산 채로 <u>포획했다</u>.
↳ ( 잡았다 | 풀어놓았다 )

**2** 작가는 글을 쓰는 <u>의도</u>가 읽는 이에게 분명히 전달되도록 해야 한다.
↳ ( 재주 | 목적 )

## 03 밑줄 그은 어휘와 뜻이 비슷한 어휘를 빈칸에 쓰시오.

젊은이들이 대도시로 모여들면서 농어촌 인구의 수가 <u>줄어들고</u> 있다.
↳ ☐☐하고

## 04 '종(種)' 자가 들어간 보기의 어휘 중 빈칸에 알맞은 어휘를 골라 쓰시오.

보기
종족(씨 種, 무리 族)　　멸종(없어지다 滅, 씨 種)

지현: 우리나라 삽살개가 ❶ ☐☐☐ 위기에 처한 적이 있었다니, 놀랍구나.
　　　　생물의 한 종류가 아주 없어지다.

민수: 응, 다행히도 지금은 그 수가 늘어 ❷ ☐☐ 을 지킬 수 있었다고 해.
　　　　같은 종류의 생물 전체를 이르는 말

**05** '-(으)려고'가 들어간 밑줄 그은 어휘의 표기가 알맞은 것은?  [✎    ]

① 그렇게 너무 버틸려고 애쓰지 마.
② 나는 방학 동안 수영을 배울려고 한다.
③ 형은 운동 후에 갈증을 풀려고 물을 마셨다.
④ 사냥꾼은 토끼를 잡을려고 산길에 덫을 놓았다.
⑤ 언니는 고장난 시계를 고칠려고 시계방에 들렀다.

**06** 밑줄 그은 관용 표현의 공통된 뜻으로 알맞은 것은?  [✎    ]

> • 친구는 같이 학원을 빠지자며 유혹의 손을 뻗었다.
> • 위기에 빠져 절망한 친구에게 희망의 손길을 뻗었다.

① 앞뒤가 빈틈없이 들어맞다.
② 공격의 의도나 불평불만이 있다.
③ 듣고도 마음에 두지 않고 무시하다.
④ 의도하여 남에게 어떤 영향을 미치게 하다.
⑤ 상대방의 의도나 돌아가는 상황을 재빠르게 알아차리다.

**07** 다음 한자 성어를 활용한 문장으로 알맞지 <u>않은</u> 것은?  [✎    ]

**보기**

| 身 | 土 | 不 | 二 |
|---|---|---|---|
| 몸 신 | 땅 토 | 아니다 불 | 둘 이 |

'신토불이'는 몸과 태어난 땅은 하나라는 뜻으로, 자기가 사는 땅에서 나는 토종 농산물이 체질에 잘 맞는다는 말이다.

① <u>신토불이</u> 운동이 펼쳐지며 우리 밀로 만든 빵이 인기이다.
② 식탁에 차려진 음식상은 <u>신토불이</u>라고 할 만큼 풍성했다.
③ 매일 된장찌개를 먹는 우리집 밥상은 <u>신토불이</u> 그 자체이다.
④ 형은 <u>신토불이</u>라며 외국에서 공부를 하면서도 늘 김치를 찾았다.
⑤ 피자와 햄버거를 좋아하는 요즘 아이들은 <u>신토불이</u>와 거리가 멀다.

08~10 다음 글을 읽고, 물음에 답하시오.  과학 생물

> ⊙'**귀화 생물**'은 다른 나라에서 우리나라로 옮겨와 스스로 번식하며 살아가는 생물을 말한다. 귀화 생물은 식용이나 관상용으로 도입하기도 하고, 나라 간에 사람과 물건이 오가면서 의도하지 않게 들어오기도 한다. 귀화 생물은 천적이 없을 경우 왕성하게 번식하여 생태계를 파괴할 위험이 있다. 미국에서 들어온 황소개구리는 식용을 목적으로 도입했으나 천적이 없어 그 수가 급속도로 늘어났다. 황소개구리는 우리나라 물고기와 곤충은 물론 개구리까지 잡아먹어 토종 동물의 수가 크게 감소했고, 생태계 파괴의 주범이 되었다. 그 밖에도 외래 물고기인 블루길과 큰입베스는 토종 어류를 닥치는 대로 잡아먹고 있으며, 귀화 식물인 가시박, 돼지풀 등도 강한 번식력으로 토종 식물의 터전을 위협하고 있다.
>
>   이처럼 귀화 생물은 토종 동식물의 삶을 위협하고 생태계를 파괴하고 있다. 따라서 귀화 생물을 함부로 들여오는 일이 없어야 하며, 이미 우리나라에 있는 귀화 생물은 포획하여 그 수를 조절하는 등 귀화 생물로 인한 피해를 줄일 수 있도록 노력해야 한다.

**08** 이 글의 핵심 내용을 파악하여 빈칸에 들어갈 알맞은 말을 쓰시오.

{  우리나라에 들어온 [            ]의 문제점  }

**09** ⊙이 우리나라에 들어와서 일으킨 문제점으로 알맞은 것에 ✓표를 하시오.

① ☐ 토종 동식물의 삶을 위협한다.

② ☐ 토종 동식물의 천적이 사라진다.

③ ☐ 토종 동식물의 수가 급속도로 늘어난다.

**10** ⊙에 대한 글쓴이의 생각으로 알맞은 것은?  [ ✎     ]

① 귀화 생물은 보이는 대로 없애야 한다.

② 귀화 생물도 토종 동식물처럼 보호해야 한다.

③ 귀화 생물을 포획하여 그 수를 조절해야 한다.

④ 사람이 먹을 수 있는 귀화 생물만 도입해야 한다.

⑤ 토종 동식물을 수출할 수 있는 방법을 찾아야 한다.

# 20 국제 사회를 위한 기구

## 분쟁

| | | |
|---|---|---|
| 어지럽다 | 분 | 紛 |
| 다투다 | 쟁 | 爭 |

서로 물러서지 않고 치열하게 다투다.

## 활성화

| | | |
|---|---|---|
| 생기가 있다 | 활 | 活 |
| 성질 | 성 | 性 |
| 되다 | 화 | 化 |

사회나 조직 등의 기능을 활발하게 하다.

전통 시장은 다 좋은데 주차가 문제네요. 주변 상가와 주차 분쟁도 계속되고 있대요.

이번에 전통 시장을 활성화한다고 하니 기대해 봐요. 전국의 전통 시장이 연합하여 대책을 마련한대요.

## 연합

| | | |
|---|---|---|
| 잇다 | 연 | 聯 |
| 합하다 | 합 | 合 |

여러 단체가 합쳐서 하나의 조직을 만들다. 또는 그렇게 만든 조직

## 대책

| | | |
|---|---|---|
| 마주하다 | 대 | 對 |
| 꾀 | 책 | 策 |

어려운 상황을 막거나 이겨 낼 수 있는 알맞은 계획

# 어휘를 넓혀요

## 01 밑줄 그은 내용과 바꾸어 쓸 수 있는 어휘를 빈칸에 쓰시오.

**1** 헌혈 참여가 활발하게 이루어져야 환자가 피를 원활하게 공급받을 수 있다.

↳ ☐☐☐ 되어야

**2** 두 회사는 특허권을 둘러싸고 서로 물러서지 않고 치열하게 다투는 중이다.

↳ ☐☐ 하는

## 02 빈칸에 공통으로 들어갈 알맞은 어휘를 쓰시오.

• 백제는 신라와 ☐☐ 하여 고구려에 대항하였다.

• 깨끗한 거리를 만들기 위해 동네 사람들이 모여 환경 ☐☐ 을 만들었다.

## 03 밑줄 그은 어휘와 뜻이 비슷한 어휘로 알맞지 <u>않은</u> 것은? [✎　]

> 학생회는 학교 폭력을 없애기 위한 <u>대책</u>을 세웠다.

① 방안　　② 방책　　③ 직책　　④ 대응책　　⑤ 대비책

## 04 빈칸에 '잇다 연(聯)' 자가 들어간 어휘를 쓰시오.

**1** 어제 네가 본 사람은 나와 아무런 연 ☐ 이 없다.

　　　사물이나 현상이 일정한 관계를 맺다.

**2** 급한 일이 생길 수도 있으니 비상 연 ☐☐ 을 준비합시다.

　　　연락을 하기 위하여 벌여 놓은 망 체계

**05** 밑줄 그은 어휘에 쓰인 '-화'가 어떤 뜻으로 쓰였는지 보기에서 알맞은 기호를 골라 쓰시오.

보기
> ㉠ -화(靴): '신발'의 뜻을 더하는 말
>
> ㉡ -화(畵): '그림'의 뜻을 더하는 말
>
> ㉢ -화(化): '그렇게 만들거나 되다.'의 뜻을 더하는 말

**1** 이 공원에는 초상화를 그려 주는 화가들이 많다. [✎      ]

**2** 공장 안에 들어오려면 작업화를 꼭 착용해야 한다. [✎      ]

**3** 정부는 관광 산업을 활성화하기 위한 의견을 모으고 있다. [✎      ]

**4** 스마트폰 사용이 대중화되며 모바일 쇼핑을 하는 사람들이 늘었다. [✎      ]

**06** 다음과 같은 뜻을 지닌 속담으로 알맞은 것은? [✎      ]

> 강한 자들이 분쟁하는 바람에 아무 상관도 없는 약한 자가 중간에 끼어 피해를 입다.

① 빈 수레가 요란하다
② 남의 떡이 더 커 보인다
③ 고래 싸움에 새우 등 터진다
④ 벼는 익을수록 고개를 숙인다
⑤ 가는 말이 고와야 오는 말도 곱다

**07** 밑줄 그은 한자 성어를 활용한 문장으로 알맞지 않은 것은? [✎      ]

> '사후 약방문(死後藥方文)'이라는 말이 있다. '약방문'은 약을 짓기 위해 약의 이름과 분량을 쓴 종이를 가리키므로 '사후 약방문'은 사람이 죽은 뒤에야 약방문을 쓴다는 뜻이다. 이 말은 사람이 죽은 뒤에 약방문을 쓰는 것이 소용없는 일인 것처럼 일이 다 틀어진 뒤에야 뒤늦게 대책을 세워 쓸모가 없어진 경우를 가리킨다.

① 잃어버렸던 반지를 방 안 서랍에서 찾으니 사후 약방문이다.
② 이가 다 썩고 나서야 양치질을 열심히 하니 사후 약방문이구나.
③ 외적이 침입한 뒤에 성벽을 쌓은 것이 사후 약방문이 되고 말았다.
④ 재난 사고에 대비하는 것은 사후 약방문이 되는 것을 막기 위한 최선의 방법이다.
⑤ 교통사고가 난 곳에 뒤늦게 신호등을 설치해서 사후 약방문이라는 비판을 받았다.

**08~10** 다음 글을 읽고, 물음에 답하시오.

제2차 세계 대전이 끝난 후, 세계 여러 나라에서는 국제 사회의 분쟁을 평화적으로 해결하기 위해서 국제기구가 필요하다는 생각을 하게 되었다. 그래서 1945년에 국제 평화와 안전의 유지, 국제 협력을 위해 '국제 연합(UN)'을 설립했다. 우리나라는 1991년에 국제 연합의 회원국으로 가입했고, 지금은 세계의 거의 모든 나라들이 국제 연합에 가입되어 있다.

국제 연합은 평화 유지, 전쟁 방지, 국제 협력 활동 등을 하고 있는데, 분야별로 다양한 기구들이 활성화되어 있다. 유니세프(UNICEF)는 어린이와 청소년과 관련한 기구로, 전 세계의 아이들을 위해 아동 구호 활동과 영양, 교육, 위생 개선 등의 활동을 한다. 세계 보건 기구(WHO)는 보건과 위생에 관련한 기구로, 전 세계 사람들의 건강을 위해 애쓰고 유행병이나 전염병에 대한 대책을 마련한다. 유네스코(UNESCO)는 교육, 과학, 문화와 관련한 기구로, 세계적으로 가치가 높은 문화와 자연 유산을 지정하여 보호한다. 우리나라의 불국사, 창덕궁 등이 유네스코 세계 문화유산으로 지정되었다.

**08** 이 글의 핵심 내용을 파악하여 빈칸에 공통으로 들어갈 알맞은 말을 쓰시오.

{ _____의 목적과 _____의 다양한 기구 }

**09** 국제 연합이 설립된 목적으로 알맞은 것은?

① 전쟁 무기 개발      ② 국제 평화 유지
③ 나라 간 경쟁 촉진      ④ 선진국의 세력 확장
⑤ 다른 나라의 정치 개입 허가

**10** 다음 국제 연합의 각 기구에서 하는 일을 알맞게 선으로 이으시오.

1 유니세프 •

2 세계 보건 기구 •

3 유네스코 •

• ㉠ 전 세계 아이들을 위해 다양한 활동을 한다.

• ㉡ 가치가 높은 문화와 자연 유산을 지정하여 보호한다.

• ㉢ 전 세계 사람들의 건강을 위해 애쓴다.

**1-3** 뜻에 알맞은 어휘를 **보기**에서 골라 쓰시오.

**보기**

| 의지 | 차지 | 위선 | 임금 | 고도 |

**1** ☐ : 일한 대가로 주거나 받는 돈

**2** ☐ : 겉으로만 착한 체하다. 또는 그런 짓이나 일

**3** ☐ : 사물이나 공간, 지위 따위를 자기 몫으로 가지다.

**4-5** 어휘에 알맞은 뜻을 골라 선으로 이으시오.

**4** 진동 •

• ㉠ 흔들려 움직이다.

• ㉡ 전체를 감아서 싸다.

• ㉠ 여럿 가운데서 골라내다.

**5** 유세 •

• ㉡ 선거를 앞두고 후보가 공약·주장 등을 설명하고 널리 알리다.

**6** 밑줄 그은 어휘의 뜻으로 알맞은 것은? [ ✎ ]

구조대는 야생 고라니를 <u>포획하였다</u>.

① 말로 단단히 부탁하다.
② 짐승이나 물고기를 잡다.
③ 단속하기 위하여 주의 깊게 살피다.
④ 새로운 물건을 만들거나 새로운 생각을 내놓다.
⑤ 어떤 힘이나 조건에 굽히지 않고 맞서거나 버티다.

**7** 어휘의 뜻으로 알맞지 <u>않은</u> 것은?  [✎    ]

① 절감: 의견이나 문제를 내놓다.
② 지탱: 오래 버티거나 견뎌 내다.
③ 배출: 안에서 밖으로 밀어 내보내다.
④ 반환: 빌리거나 차지했던 것을 되돌려주다.
⑤ 동의: 무엇을 하고자 하는 생각이나 의견을 같이하다.

**8** 괄호 안에 공통으로 들어갈 어휘로 알맞은 것은?  [✎    ]

• 어두운 골목길에 가로등을 (          )했다.
• 이번 전시회에 새로운 구조물을 (          )했다.

① 감소            ② 유발            ③ 의도
④ 대응            ⑤ 설치

**9** 밑줄 그은 어휘가 문장에 어울리지 <u>않는</u> 것은?  [✎    ]

① 식량은 창고에 충분히 <u>저장되어</u> 있다.
② 섬과 섬을 <u>연결하는</u> 다리가 완성되었다.
③ 어린이의 <u>순수한</u> 미소가 나를 웃게 만든다.
④ 작은 벌레를 현미경으로 <u>함축하여</u> 크게 관찰한다.
⑤ 귀한 보물이 한순간에 사라지는 <u>도난</u> 사건이 발생했다.

**10-11** 문장에 알맞은 어휘를 골라 ✔표를 하시오.

**10** 사진기의 렌즈를 닦으니 사진이   ☐ 희박하게   ☐ 뚜렷하게   나온다.

**11** 멀리 떨어진 연필을 줍기 위해 팔을   ☐ 뻗었다.   ☐ 거르다.

**12** 뜻이 비슷한 어휘끼리 짝 지은 것은?  [✎  ]

① 염원, 소망　　　　　② 신중, 경솔　　　　　③ 성글다, 빽빽하다
④ 은은하다, 강렬하다　　⑤ 급격하다, 완만하다

**13** 밑줄 그은 어휘와 바꾸어 쓸 수 있는 것은?  [✎  ]

> 여러 색연필이 <u>평행하게</u> 놓여 있다.

① 겹치게　　　　　② 복잡하게　　　　　③ 나란하게
④ 엇갈리게　　　　⑤ 어지럽게

**14** 뜻이 반대인 어휘끼리 짝 지은 것은?  [✎  ]

① 살다, 거주하다　　　② 빗대다, 비유하다　　③ 관측하다, 관찰하다
④ 증진하다, 감소하다　⑤ 경과하다, 지나가다

**15-17** 괄호 안에 들어갈 알맞은 어휘를 골라 선으로 이으시오.

**15** 　주동 인물은 작품에서 작가가 말하고자 하는 주제를 (　　　)하는 인물이다. ·　　　　· 명성

**16** 　우리 몸에는 독감 말고도 소아마비 등 질병을 일으키는 다양한 바이러스가 (　　　)할 수 있다. ·　　　　· 대변

**17** 　에라토스테네스보다 더 쉽게 소수를 찾는 방법을 알아낸다면 수학자로서 (　　　)을 얻게 될 것이다. ·　　　　· 침투

**관용어 · 속담 · 한자 성어**

**18** 다음 설명에 맞는 관용어로 알맞은 것은? ［✐　　］

이 관용어는 '힘을 다 써서 지쳐 쓰러질 것 같은 상태가 되다.'라는 뜻이다.

→ 예 경기가 끝나자 운동선수는 _____ 자리에 주저앉았다.

① 손에 익다　　　　　　② 입이 닳다　　　　　　③ 진이 빠지다
④ 눈에 거슬리다　　　　⑤ 손가락 안에 꼽히다

**19** 속담에 대한 설명에서 밑줄 그은 부분에 들어갈 말은? ［✐　　］

**돌다리도 두드려 보고 건너라**

　일반적으로 나무로 만든 다리보다 돌로 만든 다리가 훨씬 튼튼하다. 하지만 튼튼한 돌다리라도 직접 두드려 보며 확인한다면 더 안전하게 건널 수 있을 것이다. 따라서 이 속담은 '_____'의 뜻을 지닌다.

① 거짓말을 하지 말자.
② 다른 사람의 말을 잘 듣자.
③ 윗사람이 먼저 바르게 행동하자.
④ 어릴 때 나쁜 버릇을 들이지 말자.
⑤ 잘 아는 일이라도 신중하게 생각하고 행동하자.

**20** 한자 성어 설명에서 괄호 안에 들어갈 어휘로 알맞은 것은? ［✐　　］

| **살신성인** | |
|---|---|
| 죽다 | 살(殺) |
| 몸 | 신(身) |
| 이루다 | 성(成) |
| 어질다 | 인(仁) |

　이 한자 성어는 올바른 뜻을 지니고 마음이 어진 사람은 자신을 (　　　　　)해서라도 바른 뜻을 이룬다는 의미를 지닌다. 살신성인의 자세를 가진 사람은 옳은 일을 할 때 주저하거나 망설이지 않는다. 오히려 자신의 목숨을 바쳐서라도 올바른 일을 행하기 위해 노력한다.

① 보호　　　　　　② 공개　　　　　　③ 무시
④ 희생　　　　　　⑤ 나열

**1** 어휘의 뜻으로 알맞지 <u>않은</u> 것은?  [✎    ]

① 통로: 통하여 다니는 길
② 유학: 외국에 머물면서 공부하다.
③ 토종: 사람의 생활과 활동에 이용하는 땅
④ 온화하다: 날씨가 맑고 따뜻하며 바람이 부드럽다.
⑤ 국방: 외국의 침입이나 위협으로부터 나라를 지키는 일

**2** 밑줄 그은 어휘의 뜻으로 알맞은 것은?  [✎    ]

> 내 친구들은 모두 자전거를 <u>소유하고</u> 있다.

① 자기의 것으로 가지고 있다.
② 서로 물러서지 않고 치열하게 다투다.
③ 곧바로 말하지 않고 빙 둘러서 말하다.
④ 세균이나 병균 따위가 몸속에 들어오다.
⑤ 사회나 조직 등의 기능을 활발하게 하다.

**3-4** 문장에 알맞은 어휘를 골라 ✔표를 하시오.

**3** 양궁 선수가 □신중하게 / □순수하게 화살을 쏘았다.

**4** 두 직선이 만나서 이루는 각이 직각이면 두 직선은 서로 □수직 / □평행 이다.

**5** 밑줄 그은 어휘와 바꾸어 쓸 수 <u>없는</u> 것은?  [✎    ]

> 그는 축구 선수가 되기에 충분한 <u>자질</u>이 있다.

① 소질         ② 재능         ③ 실력
④ 능력         ⑤ 기반

6-8 뜻에 알맞은 어휘를 **보기**에서 골라 쓰시오.

**보기**
| 제기 | 절대적 | 부도덕 | 연합 | 고용 |

**6** [　　　] : 돈이나 물건을 주고 사람을 부리다.

**7** [　　　] : 어떠한 일이나 행동이 도덕에 어긋나다.

**8** [　　　] : 여러 단체가 합쳐서 하나의 조직을 만들다. 또는 그렇게 만든 조직

9-10 어휘에 알맞은 뜻을 골라 선으로 이으시오.

**9** 고적하다 •

　• ㉠ 외롭고 쓸쓸하다.

　• ㉡ 새롭고 산뜻하다.

**10** 유발 •

　• ㉠ 어떤 것이 다른 일을 일어나게 하다.

　• ㉡ 말이나 글 또는 일이나 행동이 앞뒤가 들어맞고 체계가 있다.

**11** 뜻이 비슷한 어휘끼리 짝 지은 것은? [✎　]

① 저항, 항복　　　　② 안심, 걱정　　　　③ 놓치다, 포획하다
④ 감싸다, 둘러싸다　⑤ 명백하다, 흐릿하다

**12** 뜻이 반대인 어휘끼리 짝 지은 것은? [✎　]

① 근로, 노동　　　　② 동의, 반대　　　　③ 대책, 방안
④ 항목, 사항　　　　⑤ 뜻하다, 암시하다

**13** 괄호 안에 공통으로 들어갈 어휘로 알맞은 것은?  [ 🖉   ]

> • 범인이 경찰의 (          )를 피해 도망갔다.
> • 하천에 쓰레기를 버리는 사람이 있는지 (          )하고 있다.

① 감지          ② 투여          ③ 유세
④ 감시          ⑤ 동의

**14** 밑줄 그은 어휘가 문장에 어울리지 않는 것은?  [ 🖉   ]

① 학생들의 투표로 반장을 선출했다.
② 체력을 증진하기 위해 열심히 운동한다.
③ 하루 종일 농사일을 했더니 몸이 고단하다.
④ 수학 문제의 답을 구하기 위해 계산기를 사용한다.
⑤ 공동의 문제를 해결하기 위해서는 서로 대립해야 한다.

(15-17) 괄호 안에 들어갈 알맞은 어휘를 골라 선으로 이으시오.

**15**  우리 몸은 낯선 물질이 들어오면 그 물질에 (          ) 한다.  •          • 절감

**16**  같은 양의 음료수를 재료가 가장 적게 드는 원기둥 모양의 캔에 담으면 비용을 (          )할 수 있다.  •          • 저항

**17**  연설에서 듣는 사람을 잘 설득하려면 연설문을 쓸 때 진실한 내용을 담아 (          ) 있게 주장을 펼쳐야 한다.  •          • 호소력

## 관용어 · 속담 · 한자 성어

**18** 다음 설명에 맞는 관용어로 알맞은 것은?　　　　　　　　　[✎　　]

> 이 관용어는 '일하는 것이 빈틈없고 매우 꼼꼼하다.'라는 뜻이다.
> → 예 그녀는 맡은 일을 잘 해내서 ＿＿＿＿＿＿＿는 칭찬을 받았다.

① 손을 뻗다　　　　　② 입을 씻다　　　　　③ 발을 구르다
④ 뿌리를 뽑다　　　　⑤ 손끝이 여물다


**19** 밑줄 그은 부분에 들어갈 속담으로 알맞은 것은?　　　　　　[✎　　]

> 예원: 얼마 전에 만 원을 주고 예쁜 옷을 샀어.
> 효연: 와, 정말?
> 예원: 그런데 자전거를 타다가 넘어져서 옷이 찢어졌지 뭐야. 그래서 수선비로 2만 원을 쓰고 말
> 　　　았어.
> 효연: ＿＿＿＿＿＿＿＿＿＿＿＿.

① 배보다 배꼽이 더 크다　　　　② 바늘 도둑이 소도둑 된다
③ 산이 커야 그늘이 크다　　　　④ 놓친 고기가 더 커 보인다
⑤ 고래 싸움에 새우 등 터진다


**20** 한자 성어 설명에서 괄호 안에 들어갈 어휘로 알맞은 것은?　　[✎　　]

| 입신양명 | |
| --- | --- |
| 서다 | 립(立) |
| 몸 | 신(身) |
| 떨치다 | 양(揚) |
| 이름 | 명(名) |

　이 한자 성어는 '사회적으로 높은 지위에 올라 (　　　　　　)을 떨친다.'라는 뜻이다. 과거에는 자식이 사회적으로 성공하는 것을 효도라고 여겼다. 그래서 많은 학자들은 과거에 급제해서 부모님께 효를 다하려고 노력했다.

① 힘　　　　　　② 용맹　　　　　③ 고민
④ 설움　　　　　⑤ 명성

# memo

완자

# 공부력

## 정답과 해설

어휘

×

초등 전과목

**6A**

5-6학년

**ABOVE IMAGINATION**

우리는 남다른 상상과 혁신으로
교육 문화의 새로운 전형을 만들어
모든 이의 행복한 경험과 성장에 기여한다

완자

# 공부력

## 초등 전과목
## 어휘 6A

. . . . .

## 정답과 해설

# 완자 공부력 가이드

완자 공부력 시리즈는
앞으로도 계속 출간될 예정입니다.

**국어 맞춤법 바로 쓰기**
1~2학년용
4책

**쓰기력**

**전과목 어휘**
1~6학년용
12책

**전과목 한자 어휘**
1~6학년용
12책

**영어 파닉스**
1~2학년용
2책

**영어 영단어**
3~6학년용
8책

**어휘력**

**국어 독해**
1~6학년용
12책

**한국사 독해**
인물편
3~6학년용
4책

**한국사 독해**
시대편
3~6학년용
4책

**독해력**

**수학 계산**
1~6학년용
12책

**계산력**

## 완자 공부력 시리즈로 공부 근육을 키워요!

매일 성장하는
초등 자기개발서
ⓦ 완자

# 공부력

학습의 기초가 되는 읽기, 쓰기, 셈하기와 관련된
공부력을 키워야 여러 교과를 터득하기 쉬워집니다.
또한 어휘력과 독해력, 쓰기력, 계산력을 바탕으로 한
'공부력'은 자기주도 학습으로 상당한 단계까지 올라갈 수
있는 밑바탕이 되어 줍니다. 그래서 매일 꾸준한 학습이
가능한 '**완자 공부력 시리즈**'로 공부하면 **자기주도 학습**이
가능한 튼튼한 공부 근육을 키울 수 있을 것이라 확신합니다.

# 효과적인 **공부력 강화 계획**을 세워요!

## ○ **학년별 공부 계획**
내 학년에 맞게 꾸준하게 공부 계획을 세워요!

| | | 1-2학년 | 3-4학년 | 5-6학년 |
|---|---|---|---|---|
| **기본** | 독해 | 국어 독해<br>1A 1B 2A 2B | 국어 독해<br>3A 3B 4A 4B | 국어 독해<br>5A 5B 6A 6B |
| | 계산 | 수학 계산<br>1A 1B 2A 2B | 수학 계산<br>3A 3B 4A 4B | 수학 계산<br>5A 5B 6A 6B |
| | 어휘 | 전과목 어휘<br>1A 1B 2A 2B | 전과목 어휘<br>3A 3B 4A 4B | 전과목 어휘<br>5A 5B 6A 6B |
| | | 파닉스<br>1 2 | 영단어<br>3A 3B 4A 4B | 영단어<br>5A 5B 6A 6B |
| **확장** | 어휘 | 전과목 한자 어휘<br>1A 1B 2A 2B | 전과목 한자 어휘<br>3A 3B 4A 4B | 전과목 한자 어휘<br>5A 5B 6A 6B |
| | 쓰기 | 맞춤법 바로 쓰기<br>1A 1B 2A 2B | | |
| | 독해 | | 한국사 독해 인물편 1 2 3 4 | |
| | | | 한국사 독해 시대편 1 2 3 4 | |

## ○ 시기별 공부 계획

학기 중에는 **기본**, 방학 중에는 **기본 + 확장**으로 공부 계획을 세워요!

| 방학 중 | | | |
|---|---|---|---|
| 학기 중 | | | |
| 기본 | | | 확장 |
| 독해 | 계산 | 어휘 | 어휘, 쓰기, 독해 |
| 국어 독해 | 수학 계산 | 전과목 어휘 | 전과목 한자 어휘 |
| | | 파닉스(1~2학년)<br>영단어(3~6학년) | 맞춤법 바로 쓰기(1~2학년)<br>한국사 독해(3~6학년) |

**예시 초1 학기 중 공부 계획표** 주 5일 하루 3과목 (45분)

| 월 | 화 | 수 | 목 | 금 |
|---|---|---|---|---|
| 국어<br>독해 | 국어<br>독해 | 국어<br>독해 | 국어<br>독해 | 국어<br>독해 |
| 수학<br>계산 | 수학<br>계산 | 수학<br>계산 | 수학<br>계산 | 수학<br>계산 |
| 전과목<br>어휘 | 파닉스 | 전과목<br>어휘 | 전과목<br>어휘 | 파닉스 |

**예시 초4 방학 중 공부 계획표** 주 5일 하루 4과목 (60분)

| 월 | 화 | 수 | 목 | 금 |
|---|---|---|---|---|
| 국어<br>독해 | 국어<br>독해 | 국어<br>독해 | 국어<br>독해 | 국어<br>독해 |
| 수학<br>계산 | 수학<br>계산 | 수학<br>계산 | 수학<br>계산 | 수학<br>계산 |
| 전과목<br>어휘 | 영단어 | 전과목<br>어휘 | 전과목<br>어휘 | 영단어 |
| 한국사 독해<br>인물편 | 전과목<br>한자 어휘 | 한국사 독해<br>인물편 | 전과목<br>한자 어휘 | 한국사 독해<br>인물편 |

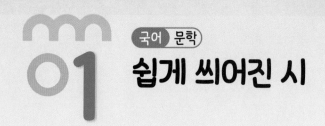

**01** ❶ 유학  ❷ 순수

**02** ❶ ㉡  ❷ ㉠

**03** ❶ 체념 | 노력 | (소망)

  ❷ 생각 | 공손 | (순진)

**04** ❶ 유의  ❷ 의사

**05** ❶ 되고자  ❷ 공부하고자  ❸ 소개하고자

**06** ① 손가락을 꼽다

> '손가락을 꼽다'는 어떤 일이 이루어지기를 날짜를 세어 가며 간절히 바란다는 뜻으로 밑줄 그은 부분과 뜻이 통한다.
> ② 어떤 단체나 무리 중에서 몇 되지 않게 특별하다.
> ③ 아무 일도 안 하고 뻔뻔하게 놀고만 있다.
> ④ 손가락으로 셀 수 있을 만큼 매우 적다.
> ⑤ 몹시 아프거나 기운이 없어 아무것도 할 수 없다.

**07** ④ 그는 하는 일 없이 _____의 자세로 하루 종일 집에서 뒹굴었다.

> ④에서 하는 일 없이 집에서 뒹구는 모습은 고생을 하면서도 의지를 갖고 부지런히 공부한다는 뜻의 '형설지공(螢雪之功)'과 거리가 멀다.

**08** 윤동주 의 시에 나타난 특징

> 이 글은 시인 윤동주를 소개하고, 그가 쓴 「쉽게 씌어진 시」를 예로 들어 그의 시 작품의 특징을 설명하고 있다.

**09** ③ 시를 쓰는 일을 자랑스러워했다.

> 제시된 시에서 '시가 이렇게 쉽게 씌어지는 것은 / 부끄러운 일이다.'라고 했고, 2문단에서 윤동주가 식민지 현실에서 시를 쓰는 일에 부끄러움을 느꼈다는 것으로 보아 ③의 설명은 알맞지 않다.
> ①, ② 1문단에서 윤동주가 일제강점기 시기에 일본에서 유학했음을 알 수 있다.
> ④ 1문단에서 윤동주는 자신의 모습을 되돌아보는 시를 많이 썼음을 알 수 있다.
> ⑤ 1문단에서 윤동주는 순수하게 살아가고자 하는 의지를 시에 드러냈다고 하였다.

**10** ① 일제의 지배를 받는 현실

> '어둠'은 빛이 없는 어두운 상태를 뜻한다. 이 시에서의 '어둠'은 일제 강점기의 어두운 현실, 즉 일제의 지배를 받는 현실을 뜻한다.

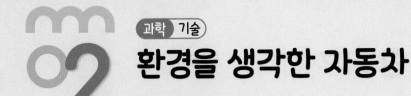

**02** 과학 기술 **환경을 생각한 자동차**

**01** 1 개발   2 제기

**02** ☑ 일으키기

**03** 1 ㉡   2 ㉠

**04** 1 유인   2 권유

**05** 1 ⟨ 배출되다 ⟩ 2 ⟨ 개발되면 ⟩ 3 ⟨ 제기되서 ⟩
         배출돼다        개발돼면        제기돼서

해설 1, 2 '되어'가 쓰이지 않았으므로 '배출되다', '개발되면'이 바르다.
    3 '제기되어서'가 줄어든 형태이므로 '제기돼서'가 바르다.

**06** ③ 쓰다 달다 말이 없으니 네 속을 알 수 없구나.

해설 "쓰다 달다 말이 없다"는 어떤 문제에 대해 아무런 반응이나 의사를 표현하지 않는 경우에 쓰는 말로, ③은 학급 회
    의에서 자기 의견을 제기하고 있지 않는 성우에게 할 말로 알맞다.
    ① 말이 씨가 된다: 늘 말하던 것이 사실대로 되다.
    ② 호랑이도 제 말 하면 온다: 다른 사람에 관한 이야기를 하는데 공교롭게 그 사람이 나타나다.
    ④ 달면 삼키고 쓰면 뱉는다: 자기의 이익만 꾀한다.
    ⑤ 쓴 약이 더 좋다: 비판이나 꾸지람이 당장에 듣기에는 좋지 않지만 잘 받아들이면 본인에게 이롭다.

**07** ① 포복절도(抱腹絕倒)

해설 '포복절도(抱腹絕倒)'는 '배를 껴안고 넘어질 정도로 몹시 웃다.'를 뜻하는 말이다.
    ② 누구나 분노를 참을 수 없을 만큼 증오스럽거나 도저히 용납될 수 없다.
    ③ 매우 사랑하고 소중히 여기는 모양
    ④ 마음속에서 느끼는 감동이나 느낌이 끝이 없다.
    ⑤ 절망에 빠져 자신을 스스로 포기하고 돌아보지 않다.

**08** 친환경 자동차의 개발 배경과 [ 전기 ] 자동차의 특징

해설 이 글은 친환경 자동차가 개발되고 있는 배경을 밝히며, 친환경 자동차의 하나인 전기 자동차의 장점과 단점을 소
    개하고 있다.

**09** ⑤ 자동차 매연이 대기 오염을 유발했다.

해설 1문단에서 자동차가 내뿜는 매연이 대기 오염을 유발한다는 문제가 꾸준히 나왔고, 이에 대한 대안으로 친환경 자
    동차가 개발되고 있다고 했다.

**10** ③ 일반 자동차보다 엔진이 튼튼하다.

해설 전기 자동차의 장점과 단점은 2문단에 나와 있다. ③은 이 글에 나오지 않은 내용이다.

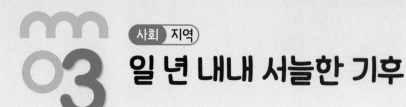
**01** 1 ( 무게 | (높이) )

2 ( (엷다) | 진하다 )

**02** 1 ㉡   2 ㉠

**03**  ☑ 살고

💬 • '떠돌다'는 '정한 곳 없이 이곳저곳을 옮겨 다니다.'라는 뜻이다.
• '이동하다'는 '움직여 옮기다. 또는 움직여 자리를 바꾸다.'라는 뜻이다.
• '흔들리다'는 '상하나 좌우 또는 앞뒤로 움직이다.'라는 뜻이다.

**04** 1 고층   2 고온

**05** 1 [ (머물렀다) / 머물었다 ]   2 [ (건드렸다가는) / 건들였다가는 ]   3 [ (서툴러서) / 서툴어서 ]

💬 '머무르(다)'에 '-어'가 붙으면 '머물러', '건드리(다)'에 '-어'가 붙으면 '건드려', '서투르(다)'에 '-어'가 붙으면 '서툴러'라고 쓴다.

**06** 1 조타   2 더피다

3 마치다   4 부타카다

💬 1 'ㅎ'+'ㄷ' → [ㅌ]
2 'ㅂ'+'ㅎ' → [ㅍ]
3 'ㅈ'+'ㅎ' → [ㅊ]
4 'ㄱ'+'ㅎ' → [ㅋ]

**07** ⑤ 자식을 올바르게 키우기 위해서는 환경이 중요하다.

💬 '맹모삼천(孟母三遷)'은 '맹자의 어머니가 세 번 집을 옮기다.'라는 뜻으로, 자식을 올바르게 키우기 위해서는 그만큼 환경이 중요하다는 말이다.

**08** [ 고산 ] 기후의 특성과 대표적인 [ 고산 ] 도시

💬 이 글은 고산 기후의 뜻을 설명하고, 고산 기후를 보이는 대표적인 고산 도시인 에콰도르의 키토를 소개하고 있다.

**09** ② 일 년 내내 서늘하다.

💬 고산 기후는 고도 2,000미터 이상의 고산 지대에서 나타나는 일 년 내내 서늘한 기후를 가리킨다.

**10** ③ 산소가 풍부해서 여행하기 좋다.

💬 키토는 적도 부근의 고산 지대에 위치해 있는 도시로 연평균 약 13도 내외의 고산 기후를 보이며, 고대 도시의 모습을 잘 보존하고 있다. 고산 도시는 높은 곳에 있어 산소가 희박하다고 했으므로 ③이 알맞지 않다.

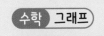
**01** 항목

**02**
1 물러서다 | 사라지다 | (지나가다)

2 (가지다) | 빼앗기다 | 양보하다

**03** 1 ㉠ 2 ㉢ 3 ㉡

**04** 1 과거 2 과정

**05** ③ 이 물건은 값이[갑시] 너무 비싸다.

💬 '값이'는 겹받침 'ㅄ'이 모음으로 시작하는 글자와 만나므로 '[갑씨]'로 발음된다.
①, ④ '없으면', '넋을'은 겹받침 'ㅄ', 'ㄳ'이 모음으로 시작하는 글자와 만나므로 '[업쓰면]', '[넉쓸]'로 발음된다.
②, ⑤ '맑으니', '넓이가'는 겹받침 'ㄺ', 'ㄼ'이 모음으로 시작하는 글자와 만나므로 '[말그니]', '[널비가]'로 발음된다.

**06** ② 입을 씻다

💬 '입을 씻다'는 이익 따위를 혼자 차지하거나 가로채고서는 모르는 체한다는 뜻이다.
① 무엇에 대해 말하다.
③ 남의 비위를 맞추기 위해 아부하다.
④ 서로의 말이 일치하도록 하다.
⑤ 시끄러운 소리나 자기에게 불리한 말을 하지 못하게 막다.

**07** ⑤ 외국으로 유학을 떠난 누나는 한국 음식을 점입가경하며 그리워했다.

💬 ⑤는 '자나깨나 늘 잊지 못하다.'라는 뜻의 '오매불망(寤寐不忘)'이 어울린다.
①, ② '점입가경'이 '어떤 일이 진행될수록 상황이 더 재미있어지다.'의 뜻으로 쓰였다.
③ '점입가경'이 '시간이 경과할수록 뛰어난 경치가 나타나다.'의 뜻으로 쓰였다.
④ '점입가경'이 '시간이 경과할수록 하는 짓이나 몰골이 더욱 꼴불견이다.'의 뜻으로 쓰였다.

**08** 그래프 의 종류와 각각의 쓰임

💬 이 글은 그래프의 뜻을 제시하고 다양한 그래프의 종류와 각각의 쓰임을 소개하고 있다.

**09** ① 막대그래프는 각 항목의 비율을 비교할 때 편리하다.

💬 막대그래프는 조사한 수를 막대로 나타낸 것으로, 각 항목의 크기를 비교할 때 편리하다. 각 항목의 비율을 비교할 때 편리한 것은 띠그래프와 원그래프이다.

**10** 꺾은선그래프

💬 시간의 경과에 따른 변화를 확인할 때 편리한 그래프는 꺾은선그래프이다.

**01** ❶ 저장  ❷ 통로

**02** ❶ ㉠  ❷ ㉢  ❸ ㉡

**03** 버티고

**04** ❶ 저금  ❷ 저수지

**05** ❶ ( 뻗치다 | 뻗히다 )
　　❷ ( 뻗치지 | 뻗히지 )
　　❸ ( 뻗쳐서 | 뻗혀서 )

　　💬 ❶, ❸ '가지나 덩굴, 뿌리 따위가 길게 자라나다.'를 강조하여 이르는 말인 '뻗치다'가 알맞다.
　　　　❷ '오므렸던 것이 펴지다.'를 뜻하는 말인 '뻗히다'가 알맞다.

**06** ❶ 저장성  ❷ 저장물  ❸ 저장실

　　💬 ❶ 저장성: 오래 보관하여도 상하지 않는 성질
　　　　❷ 저장물: 모아서 관리하고 있는 물건
　　　　❸ 저장실: 돈이나 값나가는 물건 따위를 모아서 관리하는 데 쓰는 방

**07** ⑤ 생기거나 자랄 수 있는 원인을 없애다.

　　💬 '뿌리를 뽑다'는 '어떤 것이 생기거나 자랄 수 있는 근본이나 원인을 없애다.'라는 뜻이다. '자리를 잡다.'나 '기초가 튼튼하게 다져지다.'라는 뜻의 관용 표현으로는 '뿌리를 내리다'가 있다.

**08** 식물의 │ 줄기 │가 하는 일과 다양한 생김새

　　💬 이 글은 식물에서 줄기가 하는 일과 줄기의 다양한 생김새에 대해 설명하고 있다.

**09** ③ 씨를 만들고 보호한다.

　　💬 식물의 줄기가 아닌 꽃이 씨를 만들고, 열매가 씨를 보호하는 역할을 한다. 줄기는 뿌리와 잎을 연결하여 물과 양분의 이동 통로 역할을 하고, 식물의 몸체를 지탱하며 여분의 양분을 저장하게 한다.

**10** ⑤ 고구마

　　💬 줄기 끝에 여분의 양분을 저장하는 식물로는 감자, 양파, 토란, 마늘 등이 있다. 고구마는 뿌리에 양분을 저장하는 식물이다.

 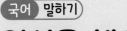

**01** 조리

**02** 호소력

**03** ☑ 부탁했다

**04** **1** ㉠    **2** ㉡

💬 **1** 문장의 내용으로 보아 진우가 반장이라고 힘을 내세우고 자랑했다는 의미이므로 ㉠의 뜻으로 쓰였다.
**2** 문장의 내용으로 보아 국회 의원 후보자가 시장 앞에서 자신의 공약과 주장 등을 알렸다는 의미이므로 ㉡의 뜻으로 쓰였다.

**05** ① 누나는 졸업장을 받아들고는 눈물을 글썽였다.

💬 '졸업장'에서 '-장'은 '증서'의 뜻이고, '야구장', '공사장', '유세장', '장례식장'에서 '-장'은 '장소'를 뜻한다.

**06** ☑ 입이 닳다

💬 어머니께서 문을 꼭 잠그고 있으라는 말을 여러 번 계속해서 당부하는 상황이므로 '입이 닳다'가 알맞다.

**07** ④ 조리가 없이 정신없이 떠드는 말

💬 '횡설수설'은 조리가 없이 정신없이 떠드는 말이나 행동을 가리키는 말이다.
① 언행일치(言行一致)
② 청산유수(靑山流水)
③ 중언부언(重言復言)
⑤ 유언비어(流言蜚語)

**08** 연설 의 뜻과 연설문을 쓰는 방법

💬 이 글은 연설의 뜻과 연설을 하는 상황을 제시한 다음 연설문을 쓰는 방법을 설명하고 있다.

**09** ① 인종 차별을 없애자.

💬 1문단에서 유명한 연설로 마틴 루터 킹의 '나에게는 꿈이 있습니다'를 소개하고 있다. 그는 이 연설에서 인종 차별을 없앨 것을 당부했다.

**10** ⑤ 처음 부분은 듣는 사람의 관심을 끌기 위해 자극적인 내용을 담는다.

💬 연설문의 처음 부분에 듣는 사람의 관심과 호기심을 이끌어 낼 수 있는 말로 시작하는 것은 좋지만 자극적인 내용을 쓰는 것은 좋지 않다.

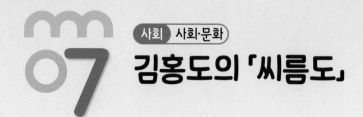

**01** 고단

**02** ⑤ 시끌벅적하다

**03**  **1** 　흐릿하다 │ 강렬하다 │ 요란하다

　　**2** 　거칠다 │ 엉성하다 │ 빽빽하다

**04**  **1** 고립 　**2** 고독감

**05**  **1** 어슴푸레 / 어슴프레　**2** 사례 / 사래　**3** 건데기 / 건더기

　　💬 **1** '뚜렷하게 보이거나 들리지 않고 희미하고 흐린 모양'을 뜻하는 어휘는 '어슴푸레'이다.
　　**2** '음식을 잘못 삼켰을 때 갑자기 기침처럼 뿜어져 나오는 기운'을 뜻하는 어휘는 '사레'이다.
　　**3** '국물이 있는 음식에 들어 있는 고기나 채소 등의 덩어리'를 뜻하는 어휘는 '건더기'이다.

**06** ② 몹시 지쳐서 피곤하고 나른하다.

　　💬 '진이 빠지다'는 '힘을 다 써서 기운이 없다.'라는 뜻이고, '녹초가 되다'는 '몹시 지쳐서 맥이 다 풀려 늘어지다.', '파김치가 되다'는 '몹시 지쳐서 피곤한 상태가 되다.'라는 뜻이다.

**07** ⑤ 그는 몇 년 전 사고로 부모와 형제를 모두 잃고 혈혈단신의 몸이 되었다.

　　💬 '혈혈단신'은 오직 혼자뿐인 사람을 뜻하므로 부모와 형제를 모두 잃었다는 내용의 ⑤의 문장에 어울린다.
　　① '괴로움도 즐거움도 함께하다.'라는 뜻의 '동고동락(同苦同樂)'이 어울린다.
　　② '여럿이 떼를 지어 다니거나 무슨 일을 하다.'라는 뜻의 '삼삼오오(三三五五)'가 어울린다.
　　③ '여러 집단이나 사람이 어떤 목적을 이루려고 하나로 뭉치다.'라는 뜻의 '대동단결(大同團結)'이 어울린다.
　　④ '모든 사람의 의견이 같다.'라는 뜻의 '만장일치(滿場一致)'가 어울린다.

**08** 단원 김홍도의 대표작인 「　씨름도　」의 내용과 특징

　　💬 이 글은 단원 김홍도를 소개하고, 그의 대표작인 「씨름도」의 내용과 특징을 설명하고 있다.

**09** ② 산수화나 인물화는 그리지 않았다.

　　💬 김홍도는 풍속화 외에도 산수화나 인물화도 많이 그렸다.

**10** ④ 서민, 양반 등 다양한 계층의 사람들이 등장한다.

　　💬 「씨름도」에는 서민, 양반 등 다양한 계층의 사람들이 등장하여 씨름 경기를 구경하고 있다.

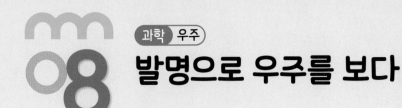
**01** ❶ 뚜렷   ❷ 확대

**02** **1** ⟨관찰하다⟩ | 끼어들다 | 상상하다   **2** 축소하다 | 확장하다 | ⟨나란하다⟩

**03** ☑ 흐릿하게

**04** ❶ 평지   ❷ 평온

**05** ① 좀 - 쫌

> 💬 '좀'은 '조금'의 준말로, '쫌'은 우리말에는 없는 틀린 말이다.

**06** ③ 눈에 어리다

> 💬 할머니께서는 고향의 모습이 뚜렷하게 떠오른다고 하셨다. 따라서 '어떤 모습이 잊히지 않고 머릿속에 떠오르거나 생각이 나다.'라는 뜻의 '눈에 어리다'가 알맞다.
> ① 흡족하게 마음에 들다.   ② 여러 번 보아서 익숙하다.
> ④ 믿음을 잃고 미움을 받게 되다.   ⑤ 보기에 마뜩하지 않아 불쾌한 느낌이 있다.

**07** ☑ 배보다 배꼽이 더 크다

> 💬 물건값보다 더 비싼 제품을 사은품으로 준 상황에는 "배보다 배꼽이 더 크다"라는 속담이 어울린다.

**08** 〔 망원경 〕의 발명으로 생긴 변화

> 💬 이 글은 망원경이 발명된 이야기를 소개하고, 갈릴레이가 천체 망원경을 발명하여 밝혀 낸 사실과 관측한 내용을 제시하고 있다.

**09** ⑤ 처음 발명된 망원경은 길쭉한 통에 두 개의 렌즈를 끼운 모양이었다.

> 💬 한스 리퍼세이는 두 렌즈를 평행하게 떨어뜨린 채로 멀리 있는 대상을 보면 대상이 바로 눈 앞에 있는 것처럼 뚜렷하게 보인다는 사실을 발견했다. 그는 이 원리를 이용하여 길쭉한 통에 두 개의 렌즈를 끼워서 망원경을 만들었다.
> ① 망원경이 처음에 전쟁에 사용되었다는 내용은 나타나 있지 않다.
> ② 렌즈는 기원전 2000년에, 망원경은 1608년에 발명되었다.
> ③ 한스 리퍼세이는 안경을 만들던 사람이었다.
> ④ 갈릴레이는 직접 렌즈를 갈아 망원경을 만들었다.

**10** ⑤ 블랙홀

> 💬 갈릴레이는 천체 망원경으로 달의 표면, 은하수, 목성과 그 주위를 도는 네 개의 위성, 태양의 흑점 등을 관측했다.

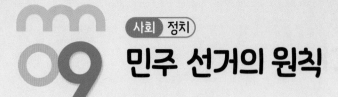
**01** 자질

**02** 1 (뽑다) | 나가다 | 방해하다    2 찬성하다 | 결정하다 | (반대하다)

**03** ( 가볍게 | 경솔하게 | (조심스럽게) )

**04** 1 동맹    2 동료

**05** 1 [ (타고났다) / 타고 났다 ]    2 [ (골라냈다) / 골라 냈다 ]    3 [ (같이했다) / 같이 했다 ]

> '타고나다', '골라내다', '같이하다'는 모두 한 어휘이므로 붙여 써야 한다.

**06** ① 사람이 되다

> '사람이 되다'는 '도덕적으로나 인격적으로 사람으로서의 자질을 갖춘 인간이 되다.'를 뜻한다.
> ② 어떤 분야에 새로이 등장하여 두각을 나타내는 사람
> ③ 좋지 못한 사람으로 되게 하거나 사람을 못쓰게 만들다.
> ④ 사람으로서 마땅히 지녀야 할 품행이나 덕성이 없다.
> ⑤ 사람의 마음은 언뜻 보아서는 알 수 없으며 오랫동안 지내보아야 알 수 있다.

**07** ③ 잘 아는 일이라도 신중하게 생각하고 행동해야 한다.

> "돌다리도 두들겨 보고 건너라"라는 속담은 잘 알거나 확실한 일이라도 한 번 더 점검하고 주의하라는 말이다.
> ① 송충이는 솔잎을 먹어야 한다
> ② 세 살 버릇 여든까지 간다
> ④ 고기는 씹어야 맛이고 말은 해야 맛이다
> ⑤ 쇠뿔도 단김에 빼랬다

**08** 민주 [ 선거 ]의 4대 원칙

> 이 글은 민주 선거의 4대 원칙을 밝히고, 투표를 하기 전에 살펴볼 점을 설명하고 있다.

**09** ② 선거에 나간 후보자들만 투표권을 가진다.

> 일정한 나이 이상의 국민은 모두 투표권을 가진다.
> ①은 비밀 선거, ③은 평등 선거, ④는 직접 선거, ⑤는 보통 선거의 원칙이다.

**10** ⑤ 후보자의 부족한 자질을 국민이 바꾸어 줄 수 있을지 살펴본다.

> 2문단에 투표를 하기 전에 살펴볼 점이 나와 있다. 국민의 대표는 국민의 뜻을 잘 반영하고 나라를 발전시킬 수 있는 사람을 뽑아야 하므로 자질이 부족하거나 도덕적이지 못한 사람은 뽑지 말아야 한다.

# 10 음료수 캔의 비밀

본문 44-47쪽

**01** 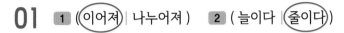　**1** ((이어져) | 나누어져 )　**2** ( 늘이다 | (줄이다))

**02**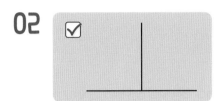

**03** **1** ㉢　**2** ㉠　**3** ㉡

**04** **1** 결론　**2** 결혼

**05** **1** 줄이다　**2** 줄이다　**3** 주리다

　　💬 **1** '길이를 작게 하다.'라는 뜻의 '줄이다'가 알맞다.
　　　**2** '무게를 덜 나가게 하다.'라는 뜻의 '줄이다'가 알맞다.
　　　**3** '굶다.'라는 뜻의 '주리다'가 알맞다.

**06**
　**1** [ (둘러싸고) / 둘러쌓고 ]　**2** [ 둘러싸다 / (둘러쌓다) ]　**3** [ (둘러싸고) / 둘러쌓고 ]

　　💬 **1**은 '어떤 것을 행동이나 관심의 중심으로 삼다.'라는 뜻의 '둘러싸다'가 들어가기에 알맞다.
　　　**2**는 '빙 둘러서 쌓다.'라는 뜻의 '둘러쌓다'가 들어가기에 알맞다.
　　　**3**은 '둥글게 에워싸다.'라는 뜻의 '둘러싸다'가 들어가기에 알맞다.

**07** ③ 다리를 놓다

　　💬 '다리를 놓다'는 '일이 잘되게 하기 위하여 둘 또는 여럿을 연결하다.'의 뜻이므로 밑줄 그은 부분과 뜻이 통한다.
　　　① 오가지 않거나 관계를 끊다.　　　　　② 매우 안타까워하거나 다급해하다.
　　　④ 상대편의 약점을 잡아 벗어나지 못하게 하다.　⑤ 마음 놓고 편히 자다.

**08** 음료수 캔의 ┊ 모양 ┊ 에 숨어 있는 원리

　　💬 이 글은 음료수 캔 모양에 숨어 있는 수학적, 과학적 원리를 설명하고 있다.

**09** ((원기둥) | 삼각기둥 | 사각기둥 )

　　💬 밑넓이와 높이가 같을 때 원기둥, 삼각기둥, 사각기둥의 부피는 같으므로, 모두 같은 양의 음료수를 담을 수 있다.
　　　다만 원기둥의 겉넓이가 가장 작아서 캔을 만들 때 드는 재료가 적게 들어서 비용이 절감된다.

**10** ⑤ 이산화탄소가 들어가도 캔이 터지지 않게 하기 위해

　　💬 탄산음료의 경우 물에 녹아 있는 이산화탄소가 캔 표면을 밀어내도 캔이 견뎌 내게 하기 위해 밑바닥을 오목하게
　　　만든다.

# 11 지진의 세기를 나타내요

**01** 1 ( 있는 | (없는) )　　2 ( 느리고 | (급하고) )

**02** 1 감지　　2 진동

**03** ③ 완만한

> '변화의 움직임 따위가 매우 급하고 세차다.'라는 뜻의 '급격하다'는 '가파르지 않다.'라는 뜻의 '완만하다'와 뜻이 반대이다.

**04** 1 성급　　2 다급

**05** 1 기　　2 히　　3 이　　4 리

> 1 끊기다: 말이 잠시 중단되다.
> 2 찍히다: 사진기나 촬영기로 필름에 그대로 옮겨지다.
> 3 낚이다: 물고기가 낚시로 잡히다.
> 4 흔들리다: 사물이 이리저리 잇달아 움직이다.

**06** ② 소리가 매우 크다.

> '천지가 진동하다'는 하늘과 땅이 흔들릴 만큼 소리가 크다는 뜻의 관용 표현이다.

**07** ⑤ 급격하게 변하여 다른 세상이 된 듯한 느낌

> '격세지감(隔世之感)'은 '오래지 않은 동안에 몰라보게 변하여 아주 다른 세상이 된 것 같은 느낌'을 뜻한다.
> ① '수구초심(首丘初心)'의 뜻
> ② '측은지심(惻隱之心)'의 뜻
> ③ '풍수지탄(風樹之嘆)'의 뜻
> ④ '감개무량(感慨無量)'의 뜻

**08** 지진의 뜻과 지진의 [ 세기 ] 를 나타내는 단위

> 이 글은 지진의 뜻과 지진의 세기를 나타내는 단위인 '규모'와 '진도'의 차이점에 대해서 설명하고 있다.

**09** ② 지진 발생 시 대피 요령

> 지진 발생 시 대피 요령에 대해서는 나와 있지 않다.
> ① 지진은 지층이 급격한 힘을 받아 끊어지면서 그 충격으로 땅이 흔들리는 현상이다.
> ③ 규모는 아라비아 숫자로 소수 첫째 자리까지 표시한다.
> ④ 보통 규모 2.0부터 사람이 진동을 느낄 수 있다.
> ⑤ 규모 7.0 이상은 건물이 무너지고 다리가 붕괴되며 땅이 갈라진다.

**10** ⑤ 규모는 지진의 세기를 절대적으로, 진도는 상대적으로 나타낸 것이구나.

> 규모가 지진의 세기를 절대적으로 나타낸 것이라면, 진도는 사람이 감지하는 느낌이나 건물의 피해를 기준으로 상대적으로 나타낸 것이다.

**01** ① 참신  ② 함축

**02** ① 빗대다  ② 위선

**03** 어렵다 | (새롭다) | 평범하다

**04** ① 신인  ② 신입생

**05** ① ((드러내고) | 들어내고 )  ② ( 드러내자 | (들어내자) )  ③ ((드러내지) | 들어내지 )

> ① '보이지 않던 것을 보이게 하다.'는 뜻의 '드러내다'가 알맞다.
> ② '물건을 들어서 밖으로 옮기다.'는 뜻의 '들어내다'가 알맞다.
> ③ '알려지지 않은 사실을 보이거나 밝히다.'는 뜻의 '드러내다'가 알맞다.

**06** ☑ 겉보기에만 좋고 실속이 없다.

> "빛 좋은 개살구"는 먹음직스러운 빛깔을 띠고 있지만 맛은 없는 개살구라는 뜻으로, 겉만 그럴듯하고 실속이 없는 경우를 이른다.

**07** ⑤ 친절했던 사람이 뒤에서 내 험담을 하고 다녔다니, <u>표리부동</u>하다.

> ⑤는 앞에서는 친절했던 사람이 뒤에서는 험담을 하고 다니는, 겉과 속이 다른 행동을 보인 것이므로 '표리부동(表裏不同)'이 어울린다.
> ① 명실상부(名實相符): 이름과 실제가 서로 꼭 맞다.
> ② 유구무언(有口無言): 변명할 말이 없거나 변명을 못하다.
> ③ 언행일치(言行一致): 말과 행동이 하나로 들어맞는다.
> ④ 괄목상대(刮目相對): 남의 학식이나 재주가 놀랄 만큼 부쩍 늘다.

**08** 동물에 빗대어 인간 사회의 [ 권력 ] 관계를 나타낸 사설시조

> 이 사설시조는 파리, 두꺼비, 송골매라는 동물의 모습에 빗대어 인간 사회의 권력 관계를 나타내고 있다.

**09** ① ⓒ  ② ⓓ  ③ ㉠

> 파리는 힘없는 백성, 두꺼비는 부패한 양반 관리, 송골매는 최고 권력층을 상징한다.

**10** ⑤ 약자에게는 강하고 강자에게는 약한 모습

> 두꺼비는 약자(파리)에게는 강하고 강자(송골매)에게는 약한 태도를 보이고 있다. 작가는 두꺼비를 통해 당시 양반 계층의 횡포와 위선을 비판하고 있다.

# 13 해외에 있는 우리 문화재

**01** 반환

**02** ☑ 가지고

**03**
**1** 막연하다 | 흐릿하다 | (분명하다)

**2** (늘리다) | 줄이다 | 감소하다

💬 **1** '의심할 바 없이 아주 뚜렷하다.'라는 뜻의 '명백하다'는 '흐릿하지 않고 또렷하다.'라는 뜻의 '분명하다'와 뜻이 비슷하다.
**2** '기운이나 세력 따위를 점점 더 늘려 가고 나아가게 하다.'라는 뜻의 '증진하다'는 '더 많거나 크거나 세거나 길어지게 하다.'라는 뜻의 '늘리다'와 뜻이 비슷하다.

**04** **1** 증축   **2** 급증

**05** **1** [ 가만이 / (가만히) ]   **2** [ 명백이 / (명백히) ]   **3** [ (깨끗이) / 깨끗히 ]

💬 **1** '가만히'처럼 '-이'([가마니])나 '-히'([가만히])로 소리 나는 것은 '-히'를 적으므로 '가만히'가 맞다.
**2** '명백히'는 [명백히]로만 소리 나서 '-히'를 적으므로 '명백히'가 맞다.
**3** '깨끗이'는 [깨끄시]로만 소리 나서 '-이'를 적으므로 '깨끗이'가 맞다.

**06** **1** 되돌아가다   **2** 되팔다   **3** 되살리다

**07** ② 그 커플은 성격도 비슷하고 취미도 비슷한 <u>명약관화</u>이다.

💬 '명약관화(明若觀火)'는 밝기가 마치 불을 보는 것과 같이 뚜렷해서 도무지 의심할 여지가 없다는 말이다.
②는 커플이 성격과 취미가 비슷하다고 했으므로 '비슷한 특성을 가진 사람들끼리 서로 어울려 사귄다.'라는 뜻의 '유유상종(類類相從)'이 어울린다.

**08** 해외에 유출된 우리 [ 문화재 ] 와 이를 되찾으려는 노력

💬 이 글은 우리 문화재가 해외에 어떻게 유출되었는지 제시하고, 해외에 있는 대표적인 우리 문화재를 소개하고 있다. 그러면서 정부가 이를 되찾기 위해 어떤 노력을 하고 있는지, 국민은 어떤 노력을 해야 하는지 말하고 있다.

**09** ②『직지심체요절』은 정부의 노력으로 반환되었다.

💬 현존하는 가장 오래된 금속 활자본인 『직지심체요절』은 반환되지 못하고 현재 프랑스의 국립 도서관에 있다고 했다.

**10** 유진

💬 글쓴이는 문화재 반환을 위해서는 국민들의 노력도 필요하며, 해외에 있는 우리 문화재가 우리나라로 되돌아올 수 있도록 지속적인 관심을 가져야 한다고 했다. 이와 비슷한 의견을 말한 사람은 유진이다.

**01** 1 투여   2 침투

**02** ☑ 맞섰다

> '어떤 힘이나 조건에 굽히지 않고 맞서거나 버티다.'라는 뜻의 '저항하다'는 '지지 않고 싸우다.'라는 뜻의 '맞서다'와 뜻이 비슷하다.

**03** 1 ㉠   2 ㉡

**04** 1 반응   2 응답

**05** 1 ( 맞히고 |⟨맞추고⟩)   2 (⟨맞히러⟩| 맞추러 )

> 1 '사물을 알맞은 자리에 끼워 넣다.'의 뜻인 '맞추다'가 알맞다.
> 2 '침, 주사 따위로 치료를 받게 하다.'의 뜻인 '맞히다'가 알맞다.

**06** 1 녹게 하다   2 읽게 하다   3 지게 하다

**07** ④ 임기응변(臨機應變)

> '임기응변'은 그때그때의 상황에 맞게 바로 결정하거나 처리한다는 말이다. 예를 들어 '면접에서 어려운 질문을 받았지만 임기응변으로 재치 있게 대답했다.'와 같이 쓰인다.
> ① 세상에서 자기가 가장 잘난 듯이 남을 깔보고 업신여기다.
> ② 좋지 않은 일의 근본 원인을 완전히 없애 다시 그러한 일이 생기지 않게 하다.
> ③ 처음부터 끝까지의 모든 과정
> ⑤ 조심성이 없고 조급하며 매우 가벼운 말이나 행동

**08** 바이러스를 예방할 수 있게 하는   백신

> 이 글은 바이러스가 우리 몸에 위협이 되는 이유, 면역의 개념, 인공적으로 면역이 생기도록 하는 백신에 대해 차례로 설명하고 있다.

**09** ④ 다른 생명체에 의지하지 않고 스스로의 힘으로 산다.

> 1문단에 바이러스의 특징이 나와 있다. 바이러스는 스스로의 힘으로 살아가지 못하고 다른 생명체에 붙어산다고 했다.

**10** 기성

> 백신은 인공적으로 면역이 생기도록 우리 몸에 투여하는 약한 바이러스이다. 백신이 몸에 들어오면 우리 몸은 진짜 바이러스가 들어왔다고 생각하고 항체를 만든다. 그래서 나중에 진짜 바이러스가 들어왔을 때 그에 대응할 항체를 보다 쉽게 만들 수 있는 것이다.

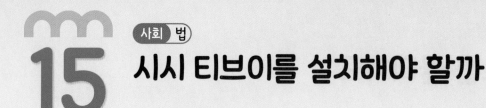

본문 64-67쪽

**01** 　**1** 도난　**2** 감시

**02** 　설치

**03** 　〔 위기 │ (안도) │ 배려 〕　〔 휴식 │ 안정 │ (걱정) 〕

　　　💬 '모든 걱정을 떨쳐 버리고 마음을 편히 가지다.'라는 뜻의 '안심'은 '근심이나 불안이 없어져서 마음을 놓다.'라는 뜻의 '안도'와 뜻이 비슷하고, '좋지 않은 일이 생길까 봐 두려워하며 속을 태우다.'라는 뜻의 '걱정'과는 뜻이 반대이다.

**04** 　**1** 시선　**2** 시청

**05** 　**1** 만듦　**2** 앎　**3** 빎

**06** 　④ 지키는 사람 열이 도둑 하나를 못 당한다

　　　💬 ④는 아무리 단단히 감시하고 예방해도 남몰래 꾸며지는 음모나 도둑 같은 것은 막기가 어려움을 이르는 말로 준희가 말한 내용과 관련 있다.
　　　① 지은 죄가 있으면 자연히 마음이 조마조마해진다.
　　　② 자그마한 나쁜 일도 자꾸 해서 버릇이 되면 나중에는 큰 죄를 저지르게 된다.
　　　③ 무슨 일이든 서로 뜻이 맞아야 이루어질 수 있다.
　　　⑤ 어떤 일에 남보다 늦게 재미를 붙인 사람이 그 일에 더 열중하게 된다.

**07** 　☑ 안심이 되지 않아 자리에 가만히 앉아 있지 못하다.

　　　💬 '좌불안석(坐不安席)'은 앉아도 자리가 편하지 않다는 뜻으로, 마음이 불안하거나 걱정스러워서 자리에 가만히 앉아 있지 못하고 안절부절못하는 모양을 이른다.

**08** 　┌ 학교 ┐ 안에 시시 티브이를 설치해야 하는가에 대한 찬반 의견

　　　💬 이 글은 학교 안에 시시 티브이를 설치해야 하는가에 대한 찬성 측과 반대 측의 주장과 근거를 보여 주고 있다.

**09** 　② 학생들의 모든 행동을 감시하고 통제할 수 있다.

　　　💬 지은이는 학교 안에 시시 티브이를 설치하는 것에 찬성하는 입장이다. 시시 티브이를 설치하면 학생들의 모든 행동을 감시하고 통제할 수 있다는 근거는 제시하지 않았다.

**10** 　ⓛ

　　　💬 민재는 시시 티브이가 학생들의 사생활을 침해하는 것이고, 시시 티브이가 닿지 않는 사각지대가 있음을 들어 시시 티브이 설치를 반대하고 있다. 그러면서 시시 티브이 설치 비용을 범죄 예방 교육, 인성 교육, 심리 상담 등에 사용하여 학교 내 사고를 근본적으로 해결할 것을 제안했다.

# 16 에라토스테네스의 체

본문 68-71쪽

**01** 1 명성 2 나열

**02** 1 ㄴ 2 ㄱ

💬 1 국화차를 마실 때 꽃잎을 거른다는 내용이므로 '거르다'가 '찌꺼기나 건더기가 있는 액체를 체나 거름종이에 올려 액체만 받아 내다.'라는 뜻으로 쓰였다.

2 진수가 오늘 점심을 걸렀다는 내용이므로 '거르다'가 '차례대로 나아가다가 중간에 어느 순서나 자리를 빼고 넘기다.'라는 뜻으로 쓰였다.

**03** 목적

**04** 1 유명 2 지명 3 명소

**05** 1 흘러 2 굴러 3 불러

💬 1 흐르(다) + −어 → 흘러

2 구르(다) + −어 → 굴러

3 부르(다) + −어 → 불러

**06** 1 ( 벌이다 | 벌리다 ) 2 ( 벌이다 | 벌리다 )
3 ( 벌이다 | 벌리다 ) 4 ( 벌이다 | 벌리다 )

💬 1 줄 간격을 멀게 한다는 뜻이므로 '벌리다'가 알맞다.

2 입을 넓게 한다는 뜻이므로 '벌리다'가 알맞다.

3 여러 가지 물건을 바닥에 늘어놓는다는 뜻이므로 '벌이다'가 알맞다.

4 잔치를 계획하여 시작한다는 뜻이므로 '벌이다'가 알맞다.

**07** ☑ 입신양명(立身揚名)

💬 홍길동의 꿈은 과거에 급제해서 벼슬을 해서 '입신양명(立身揚名)'을 하려는 것이다.

**08** '에라토스테네스의 체'로 소 수 를 찾는 방법

💬 이 글은 소수의 개념을 제시하고, '에라토스테네스의 체'의 방법을 이용해 소수를 찾는 방법을 설명하고 있다.

**09** ① 가장 작은 수의 소수는 1이다.

💬 소수는 '1과 그 수 자신 외의 어떤 수로도 나누어지지 않는 수'이므로 1은 소수가 아니다. 가장 작은 수의 소수는 2이다.

**10** ② 19

💬 19는 1과 자기 자신인 19 말고는 어떤 수로도 나누어지지 않는다.

# 17 국민으로서 꼭 해야 할 일

본문 72-75쪽

**01** ① ( 되찾는 | (지키는) )  ② ( (주고) 받고 )

**02** (노동) | 의무 | 휴식

**03** ☑ 임금

**04** ① 익  ② 어

**05** ① [ 근노 | (글로) ]  ② [ 대관녕 | (대괄령) ]  ③ [ 인뉴 | (일류) ]

　　'근로', '대관령', '인류' 모두 'ㄴ' 받침이 뒷말 'ㄹ' 앞에서 'ㄹ'로 소리 난다.

**06** ⑤ 손끝이 여물다

　　'손끝이 여물다'는 '일하는 것이 빈틈없고 매우 꼼꼼하다.'라는 뜻의 관용 표현이다.
　　① 일이 손에 익숙해지다.
　　② 돈이나 물건을 매우 조금씩 쓰다.
　　③ 서로 도와서 함께 일을 하다.
　　④ 상황이 정리되거나 마음이 안정되어 일할 마음이 내키고 능률이 나다.

**07** ① 장애를 극복하고 열심히 노력하여 성공한 헬렌 켈러

　　'살신성인(殺身成仁)'은 다른 사람이나 나라를 위해 자신을 희생하는 것을 말하므로, 헬렌 켈러가 장애를 극복하고
　　성공한 것과는 관련이 없다.
　　②~⑤는 모두 살신성인의 자세를 보인 인물들이다.

**08** 우리나라의 [ 국민 ] 으로서 지켜야 할 의무

　　이 글은 헌법의 뜻을 제시하고, 우리나라 국민으로서 지켜야 할 다섯 가지 의무에 대해 자세히 설명하고 있다.

**09** ③ ☑ 우리나라 국민으로서 지켜야 할 의무만을 제시한다.

　　1문단을 보면 헌법은 국민이 누려야 할 권리와 의무를 모두 제시한다는 것을 알 수 있다.

**10** ③ 국방의 의무 - 국민이 우리 모두의 안전을 위해 나라를 지킬 의무

　　③은 국방의 의무와 그 내용이 바르게 연결되어 있다.
　　①은 납세의 의무에 해당하는 내용이다.
　　②는 근로의 의무에 해당하는 내용이다.
　　④는 환경 보전의 의무에 해당하는 내용이다.
　　⑤는 교육의 의무에 해당하는 내용이다.

**01** **1** 대립   **2** 대변

**02** ① 뜻하는

**03** ☑ 부도덕

> • 불가능: 할 수 없거나 될 수 없다.
> • 부정확: 정확하지 않다.
> • 불규칙: 규칙에서 벗어나다.

**04** **1** 행   **2** 명

**05** **1** [ 부가능(不可能) / 불가능(不可能) ]   **2** [ 부도덕(不道德) / 불도덕(不道德) ]   **3** [ 부정확(不正確) / 불정확(不正確) ]

> **1** '不' 뒤에 붙는 어휘가 'ㄷ', 'ㅈ'으로 시작하지 않으므로 '불'로 쓴다.
> **2** '不' 뒤에 붙는 어휘가 'ㄷ'으로 시작하므로 '부'로 쓴다.
> **3** '不' 뒤에 붙는 어휘가 'ㅈ'으로 시작하므로 '부'로 쓴다.

**06** **1** 언론인   **2** 직장인   **3** 대변인

**07** ☑ 어떤 일에 대해 적극적으로 대립하고 나서다.

> '쌍지팡이'는 두 다리가 성하지 못한 사람이 짚는 두 개의 지팡이를 가리킨다. '쌍지팡이를 짚고 나서다'는 다리가 불편한 사람이 쌍지팡이를 짚고라도 나서서 반대할 정도로, 어떤 일에 대하여 적극적으로 반대하거나 간섭하여 나서는 경우에 사용하는 말이다.

**08** 소설에 등장하는   인물   의 유형

> 이 글은 소설 속 인물을 '중요한 정도, 역할, 성격의 변화'를 기준으로 나누어 설명하고 있다.

**09** ⑤ 성격의 변화에 따라 – 평면적 인물, 입체적 인물

> 소설에 등장하는 인물은 중요한 정도에 따라 주요 인물과 주변 인물, 역할에 따라 주동 인물과 반동 인물, 성격의 변화에 따라 평면적 인물과 입체적 인물로 나눌 수 있다.

**10** ⑤ 작가가 말하고자 하는 주제를 대변하는 인물이다.

> 주동 인물은 작품에서 작가가 말하고자 하는 주제를 대변하는 인물로, 선한 인물뿐 아니라 부도덕한 인물이 주동 인물로 등장하기도 한다.

# 19 생태계를 파괴하는 생물들

**01** 토종

**02** **1** ( (잡았다) | 풀어놓았다 )  **2** ( 재주 | (목적) )

**03** 감소

**04** **❶** 멸종  **❷** 종족

**05** ③ 형은 운동 후에 갈증을 **풀려고** 물을 마셨다.

> ③은 '풀(다)'가 원래 'ㄹ'로 끝나는 말이므로 '-려고'를 붙여 '풀려고'로 쓴다.
> ①은 '버티(다)+-(으)려고'이므로 '버티려고'라고 써야 한다.
> ②는 '배우(다)+-(으)려고'이므로 '배우려고'라고 써야 한다.
> ④는 '잡(다)+-(으)려고'이므로 '잡으려고'라고 써야 한다.
> ⑤는 '고치(다)+-(으)려고'이므로 '고치려고'라고 써야 한다.

**06** ④ 의도하여 남에게 어떤 영향을 미치게 하다.

> '손을 뻗다'와 '손길을 뻗다'의 공통된 뜻은 '의도하여 남에게 어떤 영향을 미치게 하다.'이다.
> ① '아귀가 맞다'의 뜻
> ② '가시가 돋다'의 뜻
> ③ '한 귀로 흘리다'의 뜻
> ⑤ '척하면 삼천리'의 뜻

**07** ② 식탁에 차려진 음식상은 **신토불이**라고 할 만큼 풍성했다.

> 음식상이 풍성했다는 것은 토종 농산물이 체질에 잘 맞는다는 '신토불이(身土不二)'와 거리가 멀다. ②에는 '푸짐하게 잘 차린 맛있는 음식'이라는 뜻의 '진수성찬(珍羞盛饌)'이 어울린다.

**08** 우리나라에 들어온 │ 귀화 생물 │ 의 문제점

> 이 글은 귀화 생물의 뜻, 귀화 생물이 국내에 들어오는 이유, 그리고 귀화 생물이 일으키는 문제점과 피해를 줄이는 방법에 대해 말하고 있다.

**09** ① ☑ 토종 동식물의 삶을 위협한다.

> 귀화 생물은 천적이 없을 경우 왕성하게 번식하여 토종 동식물의 삶을 위협하고 생태계를 파괴하는 문제를 일으킨다.

**10** ③ 귀화 생물을 포획하여 그 수를 조절해야 한다.

> 글쓴이는 귀화 생물로 인한 피해를 줄일 수 있도록 귀화 생물을 함부로 들여오지 않고, 이미 있는 귀화 생물을 포획하여 그 수를 조절해야 한다고 했다.

# 20 국제 사회를 위한 기구

본문 84-87쪽

**01** 1 활성화  2 분쟁

**02** 연합

**03** ③ 직책

> '직책'은 '직업상 맡은 일에 따른 책임'이라는 뜻이므로 '대책'과 뜻이 비슷한 어휘가 아니다.

**04** 1 연관  2 연락망

**05** 1 ㉡  2 ㉠  3 ㉢  4 ㉢

> 1 '초상화'는 '사람의 얼굴을 중심으로 그린 그림'을 뜻하므로 '-화'는 ㉡의 뜻이다.
> 2 '작업화'는 '작업할 때 신는 신발'을 뜻하므로 '-화'는 ㉠의 뜻이다.
> 3 '활성화'는 '사회나 조직 등의 기능을 활발하게 하다.'를 뜻하므로 '-화'는 ㉢의 뜻이다.
> 4 '대중화'는 '대중 사이에 널리 퍼져 친숙해지게 하다.'를 뜻하므로 '-화'는 ㉢의 뜻이다.

**06** ③ 고래 싸움에 새우 등 터진다

> "고래 싸움에 새우 등 터진다"라는 속담은 강한 자들이 싸우는 통에 아무 상관도 없는 약한 자가 중간에 끼어 피해를 입는다는 뜻이다.
> ① 실속 없는 사람이 겉으로 더 떠들어대다.
> ② 남의 물건이 제 것보다 좋아 보이다.
> ④ 교양이 있고 수양을 쌓은 사람일수록 겸손하고 남 앞에서 자기를 내세우려 하지 않는다.
> ⑤ 자기가 남에게 말이나 행동을 좋게 해야 남도 자기에게 좋게 한다.

**07** ① 잃어버렸던 반지를 방 안 서랍에서 찾으니 사후 약방문이다.

> ①은 잃어버렸던 반지가 의외로 가까운 곳에 있었다는 상황을 가리키므로 '사후 약방문'의 상황과 관련이 없다.

**08** [ 국제 연합 ]의 목적과 [ 국제 연합 ]의 다양한 기구

> 이 글은 국제 연합이 어떻게 생겨났는지, 주된 목적은 무엇인지 소개하고 있다. 그다음 국제 연합의 기구인 유니세프, 세계 보건 기구, 유네스코가 하는 일을 설명하고 있다.

**09** ② 국제 평화 유지

> 제2차 세계 대전이 끝난 후, 국제 평화와 안전의 유지, 국제 협력을 위해 '국제 연합(UN)'을 설립했다.

**10** 1 ㉠  2 ㉢  3 ㉡

> 2문단에 국제 연합의 대표적인 세 기구와 각 기구가 하는 일이 나와 있다.
> 1 유니세프(UNICEF): 전 세계의 아이들을 위해 아동 구호 활동과 영양, 교육, 위생 개선 등의 활동을 한다.
> 2 세계 보건 기구(WHO): 전 세계 사람들의 건강을 위해 애쓰고 유행병이나 전염병에 대한 대책을 마련한다.
> 3 유네스코(UNESCO): 세계적으로 가치가 높은 문화와 자연 유산을 지정하여 보호한다.

# 실력 확인 1회

**1** 임금

**2** 위선

**3** 차지

**4** ㉠

💬 ㉡은 '둘러싸다'의 뜻이다.

**5** ㉡

💬 ㉠은 '선출'의 뜻이다.

**6** ② 짐승이나 물고기를 잡다.

💬 ①은 '당부', ③은 '감시', ④는 '개발', ⑤는 '저항'의 뜻이다.

**7** ① 절감: 의견이나 문제를 내놓다.

💬 ①은 '제기'의 뜻이다. '절감'은 '아끼어 줄이다.'라는 뜻이다.

**8** ⑤ 설치

💬 '설치'는 '어떤 일을 하는 데 필요한 기관이나 설비 따위를 베풀어 두다.'라는 뜻으로 두 문장의 괄호 안에 들어가기에 적절하다.
① '감소'는 '양이나 수치가 줄다.'라는 뜻이다.
② '유발'은 '어떤 일이 다른 일을 일어나게 하다.'라는 뜻이다.
③ '의도'는 '무엇을 하고자 생각하거나 계획하다.'라는 뜻이다.
④ '대응'은 '어떤 일이나 상황에 맞추어 태도나 행동을 취하다.'라는 뜻이다.

**9** ④ 작은 벌레를 현미경으로 <u>함축하여</u> 크게 관찰한다.

💬 '함축'은 '어떤 뜻을 드러내지 않고 말이나 글 속에 간직하다.'라는 뜻이다. ④의 문장은 현미경을 통해 작은 벌레를 크게 본다는 의미이므로 '모양이나 규모를 더 크게 하다.'라는 뜻의 '확대'를 사용하기에 적절하다.

**10** ☑ 뚜렷하게

💬 '희박하다'는 '기체나 액체 따위의 밀도나 농도가 낮거나 엷다.'라는 뜻이다.

**11** ☑ 뻗었다.

💬 '거르다'는 '찌꺼기나 건더기가 있는 액체를 체나 기름종이에 올려 액체만 받아 내다.'라는 뜻이다.

**12** ① 염원, 소망

　　'염원'은 '마음에 간절히 생각하고 바라다.'는 뜻으로 '어떤 일을 바람. 또는 그 바라는 것'이라는 뜻의 '소망'과 의미
　　가 비슷하다. ②, ③, ④, ⑤는 반대의 의미를 지니는 어휘끼리 짝 지은 것이다.

**13** ③ 나란하게

　　'평행'은 '서로 나란히 있어 아무리 연장해도 서로 만나지 않는 것'이라는 뜻으로 '여럿이 줄지어 늘어선 모양이 가
　　지런하다, 여러 줄이 평행하다.'라는 뜻의 '나란하다'와 바꾸어 쓸 수 있다.
　　① '겹치다'는 '여러 사물이나 내용 따위가 서로 덧놓이거나 포개어지다.'라는 뜻이다.
　　② '복잡하다'는 '일이나 감정 따위가 잡기 어려울 만큼 여러 가지가 얽혀있다.'라는 뜻이다.
　　④ '엇갈리다'는 '마주 오는 사람이나 차량 따위가 어떤 한 곳에서 순간적으로 만나 서로 지나치다.'라는 뜻이다.
　　⑤ '어지럽다'는 '모든 것이 뒤섞이거나 뒤얽혀 갈피를 잡을 수 없다.'라는 뜻이다.

**14** ④ 증진하다, 감소하다

　　'증진하다'는 '기운이나 세력 따위를 점점 더 늘려가고 나아가게 하다.'라는 뜻으로 '양이나 수치가 줄다.'라는 뜻의
　　'감소하다'와 반대의 의미를 지닌다. ①, ②, ③, ⑤는 뜻이 비슷한 어휘끼리 짝 지은 것이다.

**15** 대변

　　'대변'은 '어떤 사람이나 단체를 대신하여 그의 의견이나 태도를 나타내다.'라는 뜻이다.

**16** 침투

　　'침투'는 '세균이나 병균 따위가 몸속에 들어오다.'라는 뜻이다.

**17** 명성

　　'명성'은 '세상에 널리 퍼져 좋은 평가를 받는 이름'이라는 뜻이다.

**18** ③ 진이 빠지다

　　'진이 빠지다'의 '진'은 '풀이나 나무의 껍질 따위에서 분비되는 끈끈한 물질'이다. 나무에서 '진'을 계속 뽑아내면 나
　　무는 말라 죽을 수도 있다. 그래서 '진이 빠지다'는 힘을 다 써서 기운이 없다는 의미를 나타낸다.
　　① '일이 손에 익숙해지다.'라는 뜻이다.
　　② '같은 말을 여러 번 되풀이하여 말하다.'라는 뜻이다.
　　④ '보기에 마뜩하지 않아 불쾌한 느낌이 있다.'라는 뜻이다.
　　⑤ '어떤 단체나 무리 중에서 몇 되지 않게 특별하다.'라는 뜻이다.

**19** ⑤ 잘 아는 일이라도 신중하게 생각하고 행동하자.

**20** ④ 희생

# 실력 확인 2회

**1** ③ 토종: 사람의 생활과 활동에 이용하는 땅

> ③은 '토지'의 뜻이다. '토종'의 뜻은 '동물이나 식물이 본디 그 지역에서 나거나 자라는 종류'이다.

**2** ① 자기의 것으로 가지고 있다.

> ②는 '분쟁'의 뜻으로, '영토 분쟁이 일어나다.'와 같이 쓰인다.
> ③은 '빗대다' 뜻으로, '구두쇠인 그를 놀부에 빗대다.'와 같이 쓰인다.
> ④는 '침투'의 뜻으로, '세균이 침투하다.'와 같이 쓰인다.
> ⑤는 '활성화'의 뜻으로, '경제 활성화를 위해 노력하다.'와 같이 쓰인다.

**3** ☑ 신중하게

> '순수하다'는 '개인적인 욕심이나 못된 생각이 없다.'라는 뜻이다.

**4** ☑ 수직

> '평행'은 '서로 나란히 있어 아무리 연장해도 만나지 않는 것'이라는 뜻이다.

**5** ⑤ 기반

> '자질'은 '타고난 바탕이나 소질 또는 일에 대한 능력이나 실력의 정도'라는 뜻으로 '소질, 재능, 실력, 능력'과 바꾸어 쓸 수 있다. '기반'은 '기초가 되는 바탕'이라는 뜻이다.

**6** 고용

**7** 부도덕

**8** 연합

**9** ㉠

> ㉡은 '참신하다'의 뜻이다.

**10** ㉠

> ㉡은 '조리'의 뜻이다.

**11** ④ 감싸다, 둘러싸다

> ①, ②, ③, ⑤는 뜻이 반대인 어휘끼리 짝 지은 것이다.

**12** ② 동의, 반대

> ①, ③, ④, ⑤는 뜻이 비슷한 어휘끼리 짝 지은 것이다.

**13** ④ 감시

> '감시'는 '단속하기 위하여 주의 깊게 살피다.'라는 뜻이다. 첫 번째 문장은 경찰이 범인을 주의 깊게 살핀다는 내용이고, 두 번째 문장은 쓰레기를 버리는 사람을 주의 깊게 살핀다는 내용이므로, 두 문장의 괄호 안에는 공통적으로 '감시'가 들어가는 것이 알맞다.
> ① '감지'는 '느끼어 알다.'라는 뜻이다.
> ② '투여'는 '환자에게 약 따위를 먹게 하거나 주사하다.'라는 뜻이다.
> ③ '유세'는 '선거를 앞두고 후보가 공약·주장 등을 설명하고 널리 알리다.'라는 뜻이다.
> ⑤ '동의'는 '무엇을 하고자 하는 생각이나 의견을 같이하다.'라는 뜻이다.

**14** ⑤ 공동의 문제를 해결하기 위해서는 서로 <u>대립해야</u> 한다.

> '대립'은 '의견이나 처지, 위치 따위가 서로 반대되거나 어긋나다.'라는 뜻이다. 공동의 문제를 해결하려는 내용의 문장에는 '힘을 합하여 서로 돕다.'라는 뜻의 '협력'이라는 어휘가 들어가는 것이 어울린다.

**15** 저항

> '저항'은 '어떤 힘이나 조건에 굽히지 않고 맞서거나 버티다.'라는 뜻이다.

**16** 절감

> '절감'은 '아끼어 줄이다.'라는 뜻이다.

**17** 호소력

> '호소력'은 '강한 인상을 주어 마음을 사로잡을 수 있는 힘'이라는 뜻이다.

**18** ⑤ 손끝이 여물다

> ① 의도하여 남에게 어떤 영향을 미치게 하다.
> ② 이익 따위를 혼자 차지하거나 가로채고서는 모르는 체한다.
> ③ 매우 안타까워하거나 다급해하다.
> ④ 어떤 것이 생기거나 자랄 수 있는 근본이나 원인을 없애다.

**19** ① 배보다 배꼽이 더 크다.

> "배보다 배꼽이 더 크다"라는 속담은 '기본이 되는 것보다 덧붙이는 것이 더 많거나 크다.'라는 뜻이다.
> ② '자그마한 나쁜 일도 자꾸 해서 버릇이 되면 나중에는 큰 죄를 저지르게 된다는 말'이다.
> ③ '큰 인물이라야 품은 포부나 생각이 큼을 비유적으로 이르는 말'이다.
> ④ '현재 가지고 있는 것보다 먼저 것이 더 좋았다고 생각된다는 말'이다.
> ⑤ '남의 싸움에 관계없는 사람이 해를 입는 경우를 비유적으로 이르는 말'이다.

**20** ⑤ 명성

> '명성'은 '세상에 널리 퍼져 좋은 평가를 받는 이름'을 뜻한다.

# 속담·한자 성어 깊이 알기

## 배보다 배꼽이 더 크다
—
본문 38쪽

'배꼽'은 탯줄이 떨어지면서 배의 한가운데에 생긴 자리로 동전보다 작은 크기입니다. 배꼽보다 배가 큰 것이 당연한 일입니다. 배에 딸려 있는 배꼽이 배보다 더 크다는 이 속담은 '기본이 되는 것보다 덧붙이는 것이 더 많거나 크다.'라는 뜻입니다.

📩 배보다 배꼽이 더 크다고, 저 운동복을 사면 비싼 안마기를 준대.

## 돌다리도 두들겨 보고 건너라
—
본문 42쪽

어느 날 한 청년이 돌다리를 두들기고 있었습니다. 돌다리를 건너려던 노인이 청년에게 그 까닭을 묻자 청년은 돌다리도 무너질 수 있으니 두들겨 보는 것이라고 했습니다. 노인은 돌다리가 무너질 리가 있겠냐며 황소를 데리고 돌다리를 건넜습니다. 그런데 오래 내린 비로 약해진 돌다리가 무너져 노인과 황소가 물살에 떠내려가고 말았습니다. 이런 이야기에 나온 이 속담은 '잘 아는 일이라도 신중하게 생각하고 행동해야 한다.'라는 뜻입니다.

📩 나는 그곳에 가 본 적이 있지만 돌다리도 두들겨 보고 건너는 것이 좋으니 지도를 가져가기로 했다.

## 빛 좋은 개살구
—
본문 54쪽

'살구'는 살구나무의 열매로, 달고 맛있습니다. 살구와 비슷한 열매로, '개살구'가 있습니다. '개살구'는 살구보다 크고 먹음직스러운 빛깔을 띠고 있지만 맛이 시고 떫습니다. 그래서 살구보다 더 먹음직스러워 보이지만 실상 맛이 없는 개살구에 빗대어 이 속담은 '겉만 그럴듯하고 실속이 없다.'라는 뜻을 나타냅니다.

📩 길거리를 지나다가 너무 예쁜 옷이 있어 샀는데, 빛 좋은 개살구라고 집에 와서 보니 지퍼가 고장 나 있었다.

## 고래 싸움에 새우 등 터진다
—
본문 86쪽

고래는 바다에 사는 동물 가운데에서 가장 몸집이 큽니다. 그에 반해 새우는 아주 작습니다. 몸집이 큰 고래가 싸우는데 뜻하지 않게 작은 몸집의 새우가 피해 봐서 등이 터집니다. 이 속담은 '강한 자들이 싸우는 통에 아무 상관도 없는 약한 자가 중간에 끼어 피해를 입는다.'라는 뜻입니다.

📩 누나와 형이 거실에서 싸우는 바람에 고래 싸움에 새우 등 터지듯이, 나는 보고 싶은 TV 프로그램도 못 보고 눈치만 보았다.

## 형설지공
–
본문 10쪽

반딧불이     형 (螢)
눈     설 (雪)
~의     지 (之)
공     공 (功)

이 한자 성어는 반딧불, 눈과 함께 공부하여 이룬 공이라는 뜻입니다. 옛날에 차윤이라는 사람이 밤늦게까지 열심히 책을 읽는데, 등잔 기름이 다 닳아 등불이 꺼졌습니다. 형편이 좋지 않아 기름 살 돈이 없던 차윤은 자루에 반딧불이를 모아 그것을 등불 삼아 책을 읽었고, 나중에 높은 벼슬까지 올랐습니다. 이 이야기에서 유래된 '형설지공'은 '고생을 하면서도 의지를 갖고 부지런하고 꾸준하게 공부하여 얻은 보람'을 이르는 말입니다.

⑩ 한석봉은 가난해서 종이를 살 수 없었지만 형설지공의 마음으로 돌에 글씨 연습을 하더니 훌륭한 명필가가 되었다.

---

## 맹모삼천
–
본문 18쪽

맏이     맹 (孟)
어머니     모 (母)
셋     삼 (三)
옮기다     천 (遷)

맹자는 공자를 잇는 유교의 대표적인 사상가이자 교육자입니다. 맹자는 어린 시절 묘지 근처에 살 때는 장사 지내는 흉내를 내고, 시장 근처에 살 때는 물건 파는 흉내를 냈습니다. 그것을 본 맹자 어머니가 서당 근처로 이사했더니 맹자가 글을 읽고 예의범절을 익혔다고 합니다. '맹모삼천'은 맹자의 어머니가 세 번이나 이사를 하였음을 이르는 말입니다.

⑩ 맹모삼천이라고 부모는 자식의 앞날을 위해서라면 무슨 일이든 할 수 있단다.

---

## 격세지감
–
본문 50쪽

사이가 뜨다     격 (隔)
세상     세 (世)
~의     지 (之)
느낌     감 (感)

'격세지감'은 '오래지 않은 동안에 몰라보게 변하여 아주 다른 세상이 된 것 같은 느낌'이라는 뜻입니다. 이 한자 성어는 실제로 긴 세월이 흘러 생긴 변화를 보고 하는 말이기도 하지만, 보통은 그리 오래지 않은 동안에 너무 많이 변해서 전혀 다른 세상 혹은 다른 세대가 된 것 같은 느낌이 들 때 사용합니다.

⑩ 엄마가 네 나이 때만 해도 카세트테이프로 음악을 들었는데, 오늘날에는 음원 파일로 음악을 들으니 격세지감이 느껴진다.

---

## 표리부동
–
본문 54쪽

겉     표 (表)
속     리 (裏)
아니다     부 (不)
같다     동 (同)

겉으로는 훌륭한 말과 행동을 하지만 사람들이 없는 곳에서는 나쁜 일을 하고 다닌다거나, 앞에서는 순순히 따르는 체하면서 뒤에서는 배신을 하는 사람이 있습니다. '표리부동'은 이런 사람을 가리킬 때 쓰는 말로 '겉으로 드러나는 말과 행동이 속으로 가지는 생각과 다르다.'라는 뜻입니다. 즉 겉과 속이 다른 진실되지 못한 음흉한 마음을 이르는 말입니다.

⑩ 앞에서는 잘 웃던 사람이 뒤에서는 내 험담을 하고 다녔다니, 참으로 표리부동하다.

# memo